„Jede Woche 2x Fisch hält gesund, macht schlank und frisch!"

Aus einem Anzeigentext der Volkseigenen Fischwirtschaft, um 1960

1961

Das Fang- und Verarbeitungsschiff „Martin Andersen Nexö“ kehrt von Neufundland und Labrador mit über 1.450 Tonnen Fisch zurück

1962

Versorgungskrise lockert Rezeptvorschriften - in Fischbüchsen darf nun 25% mehr Gemüse sein

1970

Die Dosen-Fischsuppe „Hansa 70“ vom Fischkombinat Rostock kommt in den Handel

1964

Fischfang mit Weltniveau dank Ultraschall-Fischsuchanlage aus dem Funkwerk Köpenick

1959

„Für des Volkes Wohlstand, Frieden, Glück decken wir den Tisch der Republik“

1986

Makrelenfilet landet als „Wikinger-Frühstück“ getarnt, mit einer Anchovis-Sahne-Tunke begossen und in Öl getaucht, in Dosen des VEB Fischfang Rostock

1958

Lebensmittelkarten werden abgeschafft

Die Kollektivierung der Landwirtschaft wird beschlossen

1972

Die erste „Grönlandschnitte“ verlässt das Fischkombinat Rostock

1950

Erhöhung der Fleisch- und Fettrationen für die Bevölkerung

Mindestlängen für verkaufsfähige Fische und Krabben werden festgelegt

um 1965

Die DDR-Fischstäbchen erobern Kaufhalle und Einkaufskorb

1963

Werktätige der Fischwirtschaft legen „mit Stolz und Dank“ die Ergebnisse ihrer Arbeit auf den „Gabentisch zum 70. Geburtstag Walter Ulbrichts“

1974

Der VEB Fischwirtschaft Rostock-Warnemünde bringt „Ahlbecker Salat“ mit pikantem Hering auf den Markt

EssKULTur

Fisch auf jeden Tisch

Hering, Makrele & mehr

Ute Scheffler

BuchVerlag für die Frau

ISBN 3-89798-056-8

Layout, Umschlaggestaltung, dtp-Satz:
Dr. Scheffler & Partner, Leipzig
Fotos und Illustrationen: Archiv BuchVerlag für die Frau GmbH, Leipzig
Archiv der Rügen Feinkost GmbH, Saßnitz
Deutsches Rundfunkarchiv, Potsdam-Babelsberg (S.37, 85)
Vignetten: Ursula Walch (S.28, 32, 35, 39, 57, 87)
Druck und Bindearbeiten: sachsendruck GmbH, Plauen
Printed in Germany

Inhalt

Als die Fische laufen lernten

Die 60er Jahre „beglückten" die DDR-Bürger nicht nur mit Mauerbau und Neuem Ökonomischen System. Ihnen verdankten sie auch so bahnbrechende Erkenntnisse wie „Chemie schafft Brot, Wohlstand und Schönheit" oder „Jeder Mann an jedem Ort einmal in der Woche Sport!" und „Malimo siegt". Da Gereimtes anscheinend besser in den Köpfen der gerade ins Leben gerufenen sozialistischen Menschengemeinschaft zu haften schien, dichtete die Staatsführung munter weiter: „Jede Woche zweimal Fisch, hält gesund, macht schlank und frisch." Und schon war eine Kampagne von unvergesslichem Reiz geboren: Fisch auf jeden Tisch!

eingefangen

Es ist die Zeit der „Störfreimachung vom Westen". Der DDR-Bürger ist angehalten, aus den vorhandenen Dingen das Beste zu machen. Wie gut, dass in den frühen sechziger Jahren die DDR-Hochseeflotte Rekordfänge einbrachte. Eine wahre Heringsschwemme überzog die nordischen Gewässer und die leichte, reiche Beute vor der eigenen Haustür nährte wohl die Hoffnung, Fisch könne zum günstigen Fleischersatz werden. Denn Fleisch, gelernte DDR-Bürger wissen es aus jahrzehntelanger Erfahrung, gehörte nicht unbedingt zu jenen Dingen, die allzeit im Überfluss bei Konsum oder HO zu haben gewesen wären. Wen wundert da das Bemühen, Fisch statt Fleisch zum Nahrungsmittel Nummer Eins werden zu lassen.
Kochbücher, Ratgeber und Rezeptsammlungen überbieten sich förmlich darin, die „Bedeutung des Fischfangs für die Welternährung" zu erläutern. So kann man nachlesen, dass von den rund 16.000 verschiedenen Fischarten und Meerestieren, die bis dahin bekannt und erforscht waren, vorerst gerade mal 200 für die menschliche Ernährung von Bedeutung sind. Und die Euphorie kennt keine Grenzen: „Weite Teile der Weltmeere sind noch unbefischt. Weniger ertragreiche Meeresgebiete können durch weltweite Zusammenarbeit in fruchtbare verwandelt werden. Die Fischzucht in geschützten Meeresbuchten, das Heranzüchten von interessanten Fischen, das Anlegen von Fisch- und Muschelfarmen wird in nicht allzuferner Zukunft Wirklichkeit sein. 30 Milliarden Menschen können aus dem Meer ernährt werden..." Und da „in den Flotten der Weltfischerei die Sowjetunion an erster, die Volksrepublik Polen an siebenter und die DDR an zehnter Stelle der Weltrangliste" steht, sollte doch wohl genug Fisch für alle da sein.
Nun mag Erinnerung ja so manches verklären, eines aber ist unbestritten: In jenen frühen Jahren war das Angebot an Fisch in der DDR oftmals tatsächlich vielfältiger und reichhaltiger als das an Fleisch. See- und Süßwasserfische kamen nicht mehr nur frisch in die Läden -

dank verbesserter Haushalttechnik und ersten Halbfertigprodukten konnte man nun auch Tiefkühlfisch, gefrorenes Fischfilet und heute schon historisch anmutende Versuche in Richtung Fischstäbchen erwerben, Konserven aller Art sowieso. Noch hatte die später so geliebt-gehasste Makrele dem Hering nicht den Rang abgelaufen und selbst Hummer, Muscheln und Langusten gehörten zum Angebot. Ein Schlaraffenland für Fischliebhaber. Nur davon gab es südlich von Rügen und Rostock anscheinend nicht ausreichend genug, um all die Fische und Produkte an den Mann bzw. die Frau zu bringen.

Das, was sich heute Werbekampagne nennt, hieß dazumal Aktion. Es gab sie zu DDR-Zeiten für fast alles und jeden: „Nimm ein Ei mehr“ oder „Schöner unsere Städte und Gemeinden“, „Lernen für den Frieden“ oder eben „Fisch auf jeden Tisch“.
Es ist schon erstaunlich, wieviel Kreativität, Enthusiasmus und Geld in das Anpreisen der essbaren Meeresbewohner gesteckt wurden. Selbst die bis dahin ein eher unbeachtetes Dasein führende Symbolfigur im Firmenzeichen des VEB Fischverarbeitung Rostock avancierte zum Star. Der sympathische Fisch mit den großen Augen begann ein abwechslungsreiches Eigenleben. Er trainierte den aufrechten Gang auf seiner Schwanzflosse, kleidete sich adrett mit Cocktailschürzchen und Kochmütze, flirtete mit Fischdamen am Kamin, fuhr ein attraktives Cabriolet Marke Eigenbau und schlich sich in die Herzen der Käufer.

Er schaffte das Kunststück, über sich zu informieren und sich gleichzeitig zum Verzehr anzubieten und das alles mit größtem Vergnügen. Die Bildung kam dabei nicht zu kurz: „Leichtverdauliche Fischkost", weiß der springlebendige Hering, „entschlackt den Körper, gibt Gesundheit, Energie und Spannkraft zu jeder Jahreszeit".

Das ernährungswissenschaftlich perfekte und gesündeste Lebensmittel der Welt, reich an biologisch hochwertigem Eiweiß, arm an Fett und Kohlehydraten, dafür reich an Vitaminen, Mineralstoffen und Spurenelementen mit vielseitigsten Verwendungsmöglichkeiten muss nicht erst „erfunden" werden, liest man staunend. „Das Meer liefert uns Fische und Meerestiere in großer Vielfalt. Die Fischindustrie stellt daraus eine breite Skala leckerer Fischwaren her". Und die sind nicht nur gesund, sie sind auch eine „festliche Freude für Feinschmecker".
Daran hat sich zum Glück in den vergangenen vierzig Jahren und trotz Wende und Abschied vom freundlichen „Erklär-Fisch" nichts geändert. Fischgerichte sind aus der modernen, gesunden Küche unserer Zeit nicht mehr wegzudenken.

Dieses Buch ist ein unterhaltsamer Spaziergang durch die Fischküche der DDR, mit liebgewordenen Rezepten von damals und leckeren Ausflügen ins Heute. Denn als schnelle Mahlzeit oder lukullische Überraschung gehört nach wie vor „Fisch auf jeden Tisch".

Marinierte grüne Heringe

500 g grüne Heringe,
1 Zwiebel, 1 Möhre,
1 Petersilienwurzel,
Salz und Zucker nach Geschmack,
1/4 l Weinessig,
1 Lorbeerblatt,
3 - 5 Gewürzkörner,
2 Essl. Öl

Zuerst die Marinade bereiten. Hierfür das zerkleinerte Gemüse mit etwas Zucker in einen viertel Liter siedendes Salzwasser geben. Dann Essig, Lorbeerblatt und Gewürzkörner zufügen. Die fertige Marinade abkühlen lassen. Von den grünen Heringen die Filets ohne Haut und Gräten abnehmen, salzen und in einer Pfanne in erhitztem Öl braten. Die gebratenen Heringsfilets in ein Glas- oder Steingutgefäß schichten, wobei jede Fischschicht mit Marinade übergossen wird. Kühl stellen.

Marinierte Heringe „Art des Fischkochs"

12 Salzheringe,
4 Zwiebeln, 2 halbweich gekochte Möhren,
2 saure Gurken, 1/2 halbweich gekochte Sellerieknolle,
1 Apfel, 2 Lorbeerblätter, 1 Teel. Senfkörner,
15 Pimentkörner, 10 Pfefferkörner,
150 g Mayonnaise,
1 l Milch oder saure Sahne,
1 Prise Zucker, Essig, Worcestersoße, Pfeffer

Die gut gewässerten Salzheringe von Haut und Gräten befreien. Die Filets mit dem kleingeschnittenen Gemüse und Obst (Scheiben oder Streifen) und den Gewürzen schichtweise in eine Schüssel geben. Aus Mayonnaise, Milch, Zucker, etwas Essig, Worcestersoße und Pfeffer mit dem Schneebesen eine Marinade rühren. Über die eingelegten Filets gießen. Kühl stellen und 1 Tag durchziehen lassen.
Mit Pellkartoffeln servieren.

Fische - Einkaufen, Lagern, Verarbeiten

Heute sind wir daran gewöhnt, Fisch zu jeder Jahreszeit fast fangfrisch zu kaufen, die Tiefkühltruhen der Supermärkte sind wohlgefüllt und Konserven gibt es in reicher Auswahl. Dennoch sollten Sie beim Fischkauf einige Grundregeln beachten, um sicher zu sein, wirklich gute Qualität auf den Tisch zu bekommen:

- Am Aussehen und Geruch kann man die Frische eines Fisches erkennen. Achten Sie auf eine kräftige, glänzende Hautfarbe und festsitzende, silbrigglänzende Schuppen sowie – ganz wichtig – festes, elastisches Fleisch. Hält man den ganzen Fisch in der Hand (am Kopf), dann soll der Körper straff und gespannt sein und sich nicht durchbiegen.

- Ein weiteres wichtiges Kriterium sind die Augen. Sie sollten rund sein, glänzen und leicht hervorquellen, die Pupillen klar und vorgewölbt. Je tiefer eingesunken die Augen sind, desto älter ist der Fisch.

- Auch die Kiemen sagen etwas über die Frische des Fisches aus. Sind sie leuchtendrot und feucht, können Sie sicher sein, frischen Fisch zu kaufen.

- Ein wirklich untrügliches Zeichen für Frische ist der Geruch. Von Fisch, der einen penetranten Fischgeruch verströmt, lassen Sie besser die Finger. Fisch soll leicht nach Meer und Jod riechen, aber nicht nach sich selbst. Dass zu alter Fisch tatsächlich stinkt, hat schon so manche Fischvergiftung verhindert. Also: Nase auf beim Einkauf.

- In guten Fischgeschäften können Sie Fische im Ganzen, filetiert oder in Stücken kaufen. Bitten Sie auf jeden Fall darum, dass Ihnen der Fisch küchenfertig verkauft wird, also ausgenommen und wenn nötig auch geschuppt oder gehäutet. Es erleichtert Ihnen die Zubereitung.

- Dass Fischscheiben frisch sind, erkennen Sie daran, dass das Fleisch noch fest an den Gräten haftet. Fischfilets, die eine klare, glänzende Farbe haben, können Sie unbedenklich kaufen. Bevor Sie den Fisch verarbeiten, sollten Sie durch leichten Daumendruck die Elastizität des Fleisches testen. Schnellt es zurück, ist der Fisch einwandfrei.

- Eingekaufter frischer Fisch hält sich am besten in Plastikfolie zwischen Eiswürfeln oder in einem abgedeckten Porzellangefäß im Kühlschrank.

- Waschen und filetieren Sie ihn erst kurz vor der Zubereitung und denken Sie daran, Fisch ist ein leichtverderbliches Lebensmittel und sollte immer schnellstmöglich verarbeitet werden. Durch Lagern wird er nicht besser, nur älter.

- In den meisten Fällen greifen wir heute allerdings auf gefrorenen Fisch zurück. Das Seefrosten ist die verbreitetste Methode, Fische fangfrisch zu konservieren. Dabei wird der Fisch auf den Fang- und Fabrikschiffen sofort verarbeitet und bei -40 °C tiefgefroren, zumeist als Filet.

- Wenn Sie unsicher sind, wirklich fangfrische Ware kaufen zu können, dann ist tiefgekühlter Fisch die beste Alternative. Hier gilt: den tiefgefrorenen Fisch zum Auftauen aus der Verpackung nehmen und zugedeckt in den Kühlschrank legen. Das dauert zwar länger, ist aber schonender.

- Schalen- und Krustentiere werden zumeist bereits gekocht oder tiefgekuhlt verkauft. Wir empfehlen Ihnen, darauf zurückzugreifen. Es geht einfach schneller und leichter. Ansonsten achten Sie bei Krabben darauf, dass die Schalen fest sind und die Krabben angenehm riechen. Auch frische Scampi haben einen festen Panzer.

- Langusten und Hummer – so nicht bereits gekocht – werden lebend gekauft. Legen Sie sie vor der Zubereitung einige Stunden in den Kühlschrank. Sie sind dann betäubt, wenn sie in den Kochtopf kommen.

Bevor es ans Nachkochen und Ausprobieren geht, noch ein paar Hinweise zur Verarbeitung: Planen Sie pro Person 150 bis 200 g Fischfilet oder 250 bis 300 g vom ganzen Fisch ein.

Fische sollten immer nach dem berühmten 3-S-System vorbereitet werden: Säubern – säuern — salzen (würzen). Fische, deren Haut mitgegessen werden soll, müssen geschuppt werden. Dazu den Fisch am Schwanz festhalten und zum Kopf hin schuppen. Am besten im Abwaschbecken arbeiten, damit die Schuppen nicht durch die ganze Küche spritzen. Soll der Fisch im Ganzen verarbeitet werden, daran denken, Flossen und eventuelle Stacheln mit der Küchenschere zu entfernen.

Wenn Sie den Fisch nicht gleich küchenfertig zubereitet gekauft haben, ist es wichtig, die selbstgeschnittenen Filets erst nach dem Filetieren zu häuten. Noch verbliebene kleine Gräten lassen sich am besten mit einer Pinzette entfernen.

Bei allen Rezepten wird immer vom küchenfertigen Zustand der Zutaten ausgegangen. So nicht anders angegeben, sind die Zutaten für 4 Personen berechnet.

Es muss nicht immer Kaviar sein

Wobei gegen die edle Schlemmerei natürlich nie etwas einzuwenden ist und russische Kaviar-Dosen in der DDR durchaus ebenso beliebt und begehrt waren wie russischer Wodka. Als unvergesslicher Leckerbissen wird bis heute von jenen unscheinbaren Dosen mit den kyrillischen Buchstaben geschwärmt, die Krebsfleisch enthielten. Was sich allerdings erst herumsprechen musste, da es trotz jahrelangen Russischunterrichts mit den Sprachkenntnissen und speziell kulinarischen Bezeichnungen so weit her nicht war. Wer des Rätsels Lösung aber erst einmal gefunden hatte, deckte sich mit den blechgeschützten Leckerbissen ein. Die gab es dann als feinen Krebscocktail in Wein- oder Sektgläsern mit der obligatorischen Zitronenscheibe zum Auftakt eines festlichen Essens. Dass die zumeist schwere Mayonnaise weder sehr gesund noch dem Geschmack des Krebsfleisches zuträglich war, interessierte dabei wenig.

eingerollt

Fisch gehört zu jeder Mahlzeit - diese Weisheit findet man zumindest in Kochbüchern aus der guten alten Zeit: ein Fischgang, ein Fleischgang, Wild oder Geflügel, Dessert... Nein, natürlich galt dies nicht für die tägliche DDR-Küche. Wenn auch kein Fischburger, so dominierten damals die marinierten Heringe, der Rollmops, der Brathering, eventuell noch Bückling und gebratenes Fischfilet. Ab Mitte der siebziger Jahre übernahm dann die Makrele die Herrschaft und es ist Ansichtssache, ob das Ganze am Ende eine Monarchie oder eine Diktatur gewesen ist.
Als der Hering sich jedoch in großen Schwärmen in der Ost- und Nordsee tummelte und es noch keine weltweiten Fischereischutzzonen gab ... in jenen guten alten Zeiten, damals, ja damals war Fisch aller Art auch Vorspeise, Leckerbissen auf kalten Buffets, willkommene Abendbrotabwechslung, schnelles Mittagsgericht oder ein Schmeckerchen für zwischendurch. Noch kannte der durchschnittliche ostdeutsche Fischliebhaber kein Sushi und die Vorlieben waren eher traditionell und auch ein wenig konservativ - doch deshalb nicht weniger schmackhaft.
In einem Rezeptbüchlein der Zeit findet sich folgender Hinweis: „Vorspeisen - Dazu finden Fettheringe, Gabelbissen, gedämpftes Fischfleisch, Räucherfischfleisch, Konservenlangusten, Konservengarnelen, Konservenmuscheln, Konserventintenfisch und sonstige Meeresfrüchte Verwendung. In Sekt- oder Weingläser feingeschnittenen Blattsalat oder Streifen von sauren Gurken geben, darauf Fischfleisch oder Meeresfrüchte legen und darüber Cocktailsoße (siehe Soßenkapitel) gießen. Die Gläser nur zu knapp 2/3 füllen. Obenauf Konservenfrüchte (Ananas, Mandarinenscheiben, Pfirsiche u. dgl.), evtl. eine Salzmandel, andere Nüsse oder eine Likörkirsche legen. An den Rand des Glases eine Zitronenecke als Garnierung stecken. Vorspeisen-Cocktails immer gut gekühlt servieren. Toast dazu reichen."
Einfacher geht es doch nun wirklich nicht. Oder?

Russischer Krebssalat

1 Dose Krebsfleisch,
150 g gekochte Kartoffeln,
50 g Sellerie,
1 großer Apfel,
150 g grüne Gurke,
150 g grüne Erbsen (Konserve),
150 g Mayonnaise oder Crème fraîche,
Salz und Zucker nach Geschmack

Das Krebsfleisch auf einem Durchschlag mit fließendem Wasser abspülen. Die Kartoffeln in dünne Scheiben oder Stücke schneiden. Den geputzten Sellerie und den geschälten, vom Kerngehäuse befreiten Apfel auf einer groben Reibe raspeln. Die geschälte Gurke in dünne Scheibchen oder kleine Stückchen schneiden. Das Krebsfleisch, die grünen Erbsen und das gesamte vorbereitete Gemüse in eine Schüssel geben. Mayonnaise unterheben (sollte heute durch Crème fraîche ersetzt werden), mit Salz und Zucker abschmecken.
Auf Kopfsalatblättern anrichten und mit Toast servieren.

Krabbencocktail

2 Bund Dill,
500 g Krabbenfleisch (auch Konserve),
1 Becher Joghurt,
2 Essl. Mayonnaise,
Salz, Pfeffer,
Zucker, Paprika,
2 Essl. Dessertwein,
1/2 Zitrone

Den Dill waschen, reichlich die Hälfte davon grob hacken und in Glasschalen legen. Das Krabbenfleisch daraufgeben.
Aus Joghurt, Mayonnaise, Salz, Pfeffer, Zucker, Paprika und Wein eine milde Soße rühren. Über die Krabben gießen.
In Gläser füllen und mit dem restlichen Dill garnieren. Zitronenscheiben bis zur Mitte einschneiden, auseinanderbiegen und als Spirale auf den Cocktail geben.

Tipp:
Ersetzen Sie die Mayonnaise durch Crème fraîche. Der Cocktail schmeckt dann viel leichter und frischer. Statt des Dessertweins können Sie auch einen trockenen Sherry verwenden.

Toast „Spreewaldgruß“

4 Toastbrotscheiben,
Butter,
12 Fischstäbchen,
Öl zum Braten,
4 Essl. Mayonnaise oder Schlagsahne,
Meerrettich,
1/2 Apfel,
Zitronensaft

Auf leicht mit Butter bestrichene Toastbrotscheiben je 3 gebratene Fischstäbchen legen. Mayonnaise oder Schlagsahne mit geriebenem Meerrettich, geriebenem Apfel und einigen Tropfen Zitronensaft verrühren. Diese Mischung über die Fischstäbchen geben.
Der Toast kann noch mit Scheiben von sauren Gurken oder marinierter Paprikafrucht und Petersilie garniert werden.

Acapulco-Fisch

500 g Makrelen,
Saft von 6 Zitronen,
250 g Tomaten,
1 Zwiebel,
3 Essl. Öl,
2 Essl. gehackte Petersilie,
Salz, Pfeffer,
scharfer Paprika

Die Makrelen säubern, entgräten, von der Haut befreien und leicht salzen. Die Filets in fingerbreite Streifen schneiden, in eine Glasschüssel legen und mit so viel Zitronensaft begießen, dass alle Makrelenstücke davon bedeckt sind. 12 Stunden durchziehen lassen. Danach den Zitronensaft abgießen, das Makrelenfleisch mit Würfeln von gehäuteten Tomaten, Petersilie, feingehackter Zwiebel, etwas Salz, Pfeffer und nach Geschmack scharfem Paprika vorsichtig mischen, mit Öl begießen. Durch den Zitronensaft wird das Makrelenfleisch gebeizt, ähnlich wie saure Heringe in einem Garbad aus Essig und Salz genussfähig gemacht werden.
Acapulco-Fisch sehr kalt und mit Weißbrot servieren.

Räucherfisch in Blätterteig

350 g Räucherfisch,
1 Paket gefrosteter Blätterteig,
2 Eigelb,
Schnittlauch,
2 Zwiebeln

Den Räucherfisch von Haut und Gräten befreien. Den Blätterteig auftauen lassen und in Streifen von 6 bis 8 cm Breite und 12 cm Länge schneiden. Die Hälfte der Blätterteigstreifen mit geschlagenem Eigelb bestreichen. Darauf den Räucherfisch legen, feingehackten Schnittlauch darüber streuen und dünne Zwiebelscheiben auflegen.
Die andere Hälfte der Blätterteigstreifen darüber legen, die Ränder mit einer Gabel andrücken und den oberen Teil einige Male anstechen. Die Blätterteigschnitten auf ein mit Backpapier belegtes und mit Wasser bespritztes Backblech legen. Die Schnitten ebenfalls mit Wasser bespritzen und mit Eigelb bestreichen.
Im vorgeheizten Ofen (200 °C) 10 bis 15 Minuten backen.

Klassischer Heringssalat

500 g gut gewässerte Salzheringsfilets,
150 g saure Gurken,
1/2 Apfel,
1 große Zwiebel,
250 g Mayonnaise,
Pfeffer, Worcestersoße, Kräuter

Heringsfilets, Gurken, Apfel und Zwiebel in Würfel schneiden. Mit der Mayonnaise mischen, mit Pfeffer, Worcestersoße und Kräutern abschmecken.

Tipp:
Dieser Salat lässt sich mit den unterschiedlichsten Zutaten beliebig variieren. Nehmen Sie beispielsweise statt der Salzheringe 500 g gares, zerpflücktes Fischfilet und salzen nach, haben Sie statt Herings- einen Fischsalat. Beide Grundrezepte können Sie zum Beispiel mit Paprikafrüchten, etwas Edelsüßpaprika und Rotwein in einen „Ungarischen Salat" verwandeln; mit wenig Geflügelfleisch, 1/2 hartgekochten und feingehackten Ei sowie etwas Senf und Zucker wird ein „Englischer Salat" daraus; mit 20 g geriebenem Meerrettich sowie 1 Essl. feingeschnittenem Apfel und feingehackter saurer Zwiebel, gewürzt mit Zucker und Zitronensaft haben Sie einen „Spreewälder Salat"; mit Radieschen und feingehackten Kräutern wird aus dem Grundrezept ein „Frühlingssalat" und mit viel frischem, rohen Gemüse der Saison sowie Joghurt statt Mayonnaise verwandelt sich das Ganze in einen „Vitamincocktail".

Moskauer Salat

300 - 400 g garer Kochfisch,
100 g Salz- oder Gewürzgurken,
3 - 4 große gare Kartoffeln,
2 hartgekochte Eier,
250 g Mayonnaise,
Kopfsalat,
Salz nach Geschmack

Fisch und Gurke in Würfel, Kartoffeln und Eier in Scheiben schneiden. Einige Eischeiben zum Garnieren aufheben. Alles vorsichtig untereinandermischen. Mit Mayonnaise verrühren und mit Salz abschmecken (auch hier kann Mayonnaise durch Crème fraîche oder ein entsprechenes Fertigprodukt, z.B. Miracel Whip, ersetzt werden).
Eine Schüssel mit Salatblättern auslegen, den Salat darin anrichten und mit Eischeiben garnieren.

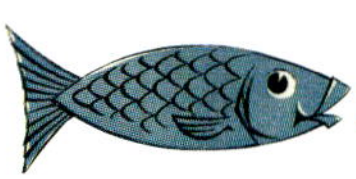

Kasserolle blanca

Wenn wir Bemerkungen in alten Ratgeberheften der sechziger Jahre Glauben schenken würden, dann müsste es ausreichen, einige Fischgräten, Haut und Flossen in einen Topf zu werfen, das Ganze eine Weile köcheln zu lassen, um eine unvergessliche Fischsuppe zu erhalten. Dass dem nicht ganz so sein kann, beweisen die Rezepte jener Jahre selbst. Eine Fischsuppe schmeckt von fangfrischen Fischen am Meer unbestreitbar am besten. Dass man sich dieses Erlebnis auch ins Binnenland holen kann, ist ebenso unbestritten wie die Tatsache, dass die Fischer der ganzen Welt ihre spezielle Art haben, eine Fischsuppe zu bereiten. Jede Suppe hat ihre eigenen Zutaten, ihren eigenen Geschmack, ihre eigene Geschichte, keine schmeckt wie die anderen und nie wird sie gleich schmecken, auch wenn Sie sie immer nach dem selben Rezept mit den selben Zutaten zubereiten.
Dass in der DDR auch die Fischsuppenrezepte mehr an der osteuropäischen Küche orientiert waren als an der französischen oder der des Mittelmeerraumes, wird nicht verwundern. Und wer einmal Fischsoljanka gekostet hat, wird diesem Geschmack ebenso verfallen wie dem der klassischen Fleischsoljanka.

eingetaucht

Fischsuppen sind so alt wie der Fischfang selbst. Man benötigt dafür weder kostspielige Fischarten noch müssen die einen bei Tag und die anderen bei Nacht gefangen werden. Natürlich ist die Mutter aller kulinarischen Fischsuppen, die berühmte französische Bouillabaisse, am schmackhaftesten mit frischen Mittelmeerfischen. Doch selbst in den Zeiten allerbesten Fischangebotes konnten DDR-Feinschmecker von Drachenkopf, Seebarsch, Meeraal, Seeteufel, Knurrhahn, Petersfisch, Wittling, Roter Meerbarbe und selbst Brassen nur träumen. Aber auch hier, wie immer und überall, schaffte Einfallsreichtum und unermüdliches Organisationstalent Abhilfe.

So findet sich im Rezept die versteckte Bemerkung: „Fischarten und Zutaten sind den vorhandenen Möglichkeiten angepasst“. Ob das Gericht am Ende wie die echte Fischsuppe vom Mittelmeer schmeckte, ließ sich für die meisten ohnehin nicht nachprüfen. Anderes schon. Wie Fisch in Bulgarien oder Ungarn zubereitet wird, wussten viele aus eigener Erfahrung. Und so mancher hatte eine echt russische Ucha, die sich vor der Bouillabaisse wahrlich nicht verstecken muss, längst selbst probiert. Zudem wussten Großmütter und Tanten von Aalsuppe und anderen Fischtöpfen zu schwärmen. Bald auch sprach sich herum, dass sich aus einer kräftigen Fischbrühe - wie aus ihrer Verwandten, der Fleischbrühe - dank verschiedener Einlagen schnelle und variationsreiche Speisen zaubern lassen.

Für die in den sechziger Jahren auf dem Vormarsch befindliche „schnelle Küche“ wurden eigens Fischbrühwürfel angeboten und dank Konserven oder Fischfiletwürfeln aus der Gefrierabteilung der HO-Selbstbedienung war eine Suppe in Minutenschnelle fertig. Richtig gewürzt, trug sie durchaus zur Bereicherung des Speisezettels bei.

Keine Angelegenheit für Feinschmecker, wohl wahr, aber Fisch für den alltäglichen Gebrauch allemal.

Fischsoljanka

400 g Fischfleisch,
250 g Zwiebeln,
4 Essl. Öl,
4 - 5 Essl. Tomatenmark,
1 l Fischbrühe,
Salz, Pfeffer,
175 g saure Gurken,
1/2 Zitrone,
15 g Petersilie und Dill,
1 Essl. Kapern,
4 Essl. saure Sahne oder Joghurt

Die feingehackten Zwiebeln in heißem Öl goldgelb rösten und mit dem Tomatenmark in die heiße Fischbrühe geben. Alles 10 Minuten durchkochen lassen, mit Salz und Pfeffer abschmecken. Die sauren Gurken schälen, halbieren, von den Kernen befreien und quer in feine Streifen schneiden. Die Zitrone schälen, in Scheiben schneiden und entkernen. Petersilie und Dill fein hacken. Das Fischfleisch in wenig Brühe gar ziehen lassen. In Teller oder Suppentassen je 1 Zitronenscheibe und 1 Teel. Kräuter, einige Kapern, saure Gurke und gare Fischwürfel legen. Darüber die tomatisierte, kochendheiße Fischbrühe gießen. Zuletzt einen Schuß saure Sahne oder Joghurt zugeben.

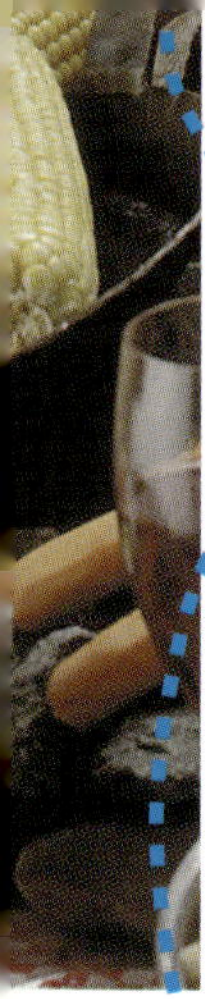

Fischsuppe „Ucha"

1 1/2 kg Fischabgänge von weißfleischigen Süßwasserfischen oder kleine Fische,
500 g Fisch (am schmackhaftesten wird die Ucha von Frischfisch wie Sterlet oder Barsch, auch Zander und andere weißfleischige Süßwasserfische sind verwendbar - ausgenommen Karausche und Schleie),
1/2 Stange Porree,
1/2 Sellerieknolle,
1/2 Petersilienwurzel,
1 kleine Zwiebel,
1 Lorbeerblatt, 8 Pfefferkörner,
Salz, Pfeffer,
2 Eiweiß
Petersilie, Dill, Zitronenscheiben

Fischabgänge bzw. die kleinen Fische mit den Gemüsen und Gewürzen in 2 l Wasser zum Kochen ansetzen und wenigstens 30 Minuten (maximal 1 Std.) ganz leicht köcheln lassen. Die so gewonnene Fischbrühe durch ein Sieb gießen. Fisch und Gemüse mit einem Kochlöffel kräftig ausdrücken, um alles von der wertvollen Brühe zu erhalten.
Ucha klären. Dafür die Eiweiß (1 Eiweiß für 1 l Brühe) in einer Schüssel leicht schaumig schlagen und so in die inzwischen abgekühlte, kalte Brühe geben. Die Brühe mit dem Eiweiß unter ständigem Schlagen mit dem Schneebesen schnell zum Kochen bringen. Die Brühe soll schäumen und fast überkochen. Dann vom Herd nehmen. Nach wenigen Minuten die Brühe am besten zweimal durch ein mit einem gebrühten Tuch ausgelegtes Sieb gießen. Die Brühe mit Salz und Pfeffer abschmecken und wieder zum Kochen bringen.

Das vorbereitete Fischfleisch einlegen und kurz garziehen lassen. Den Fisch mit einem Schaumlöffel herausnehmen und in mundgerechte Stücke schneiden. Die klare Brühe zum Fisch in vorgewärmte Teller füllen, geschälte und entkernte Zitronenscheiben hineingeben, mit Dill und gehackten Kräutern bestreuen. Dazu schmeckt kräftiges Schwarzbrot.

Tipp:
In Russland werden zur Ucha vor allem Teigtaschen mit Fischfülle oder Piroschki gegessen. Sie werden aus unterschiedlichen Teigarten zubereitet und enthalten die verschiedensten Füllungen. Phantasie und Kreativität sind hier keine Grenzen gesetzt. Man kocht sie in siedendem Salzwasser, wenn sie aus Nudelteig sind, bäckt sie (Hefe-, Mürbe- und Blätterteig) oder brät sie in siedendem Fett (Blätter- bzw. Hefeteig). Statt des Fischfleisches oder zusätzlich zum Fisch werden sie dann in die Suppenteller gelegt und mit Fischbrühe aufgefüllt.

Bouillabaisse á la Kroboth

Für 6 Personen
4 Essl. Öl,
2 Porreestangen,
1 - 2 Zwiebeln,
3 Knoblauchzehen,
1/2 Lorbeerblatt,
500 g Tomaten,
10 Pfefferkörner,
2 Teel. Salz,
1 Bund Petersilie oder 1 Kräutersträußchen,
1/4 l Weißwein,
2 kg verschiedene Fische (z.B. Kabeljau, Rotbarsch und Makrelen; Plattfische; Rotbarsch und Dorsch),
Weißbrotscheiben

Den feingehackten Porree und die Zwiebelwürfel in 2 Essl. Öl hellgelb schwitzen, 2 gehackte Knoblauchzehen, das Lorbeerblatt, die gehäuteten, gewürfelten Tomaten sowie Pfefferkörner, Salz und die Petersilienstiele dazugeben. Mit 1/4 l Wasser und dem Wein nach und nach auffüllen. Die vorbereiteten Fische in die Brühe legen, das restliche Öl aufgießen und 20 Minuten kochen lassen. Kleine Weißbrotscheiben mit einer Knoblauchzehe einreiben. Die Brotscheiben auf den Boden einer Schüssel legen, die pikant abgeschmeckte heiße Fischbrühe darübergießen. Mit gehackter Petersilie bestreuen. Die Fischstücke gesondert auf einer Platte mit Knoblauchsoße servieren.

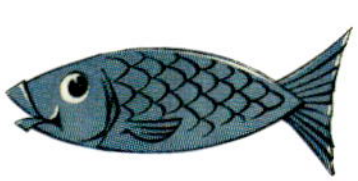

Warnemünder Fischsuppe

750 g Dorsch,
2 Möhren,
1 Tasse Selleriewürfel,
Petersilienstiele,
2 Zwiebeln,
1 Lorbeerblatt,
10 Pfefferkörner,
Zitronensaft,
Salz, Pfeffer,
Muskat,
Worcestersoße,
40 g Pflanzenfett

Das rohe Fischfleisch von Haut und Gräten befreien. Haut, Gräten und das kleingeschnittene Gemüse in einen Topf geben, mit 1 1/4 l Wasser auffüllen. Den Suppenansatz langsam zum Kochen bringen. Alles 20 Minuten intensiv kochen lassen. Das nach dem 3-S-System vorbereitete Fischfleisch in Pflanzenfett kurz braten und als Suppeneinlage verwenden. Mit Salz, Pfeffer und wenig Muskat würzen. Mit Worcestersoße verfeinern. Besonders gut schmeckt die Suppe, wenn Sie vor dem Servieren ein Glas Weißwein zugeben.
Vollkorn- oder kräftiges Schwarzbrot als Beilage servieren.

Ungarische Karpfensuppe

1 1/2 kg Karpfen,
150 g Zwiebeln,
einige Sellerieblätter (frisch oder getrocknet),
30 g Schweineschmalz,
2 - 3 Teel. Edelsüßpaprika,
500 g Kartoffeln,
2 grüne Paprikafrüchte,
1 Tomate

Den Karpfen ausnehmen, reinigen und schuppen. Dann der Länge nach teilen und die Wirbelsäule herausschneiden. Die Kopfteile und die Wirbelsäule zusammen mit 75 g Zwiebelscheiben und einigen Sellerieblättern mit 1 l kaltem Wasser ansetzen, langsam zum Kochen bringen, ca. 20 Minuten kochen lassen.
Die Karpfenfilethälften in 2- bis 3fingerbreite Stücke teilen. Die restlichen Zwiebeln hacken und in Schmalz goldgelb dünsten, die Zwiebelschwitze mit etwas Fischbrühe abschrecken. Edelsüßpaprika einrühren und mit der durchgeseihten Fischbrühe auffüllen. Die geschälten Kartoffeln in kleine Würfel schneiden und in der paprikagewürzten Fischbrühe aufkochen lassen. Dann die gesalzenen Karpfenstücke, die Paprikastücke und die in Scheiben geschnittene Tomate zugeben. Alles noch 20 Minuten ziehen lassen
Pikant abschmecken.

Fischeintopf

700 g Fischfilet,
Zitronensaft,
Salz,
1 kg Kartoffeln,
5 g Butter,
Pfeffer, Paprika,
100 g Speck,
400 g Zwiebeln,
250 g Tomaten,
500 g Paprikafrüchte,
1/4 l saure Sahne

Den vorbereiteten Fisch in mundgerechte Stücke schneiden. Kartoffeln in Salzwasser garen, pellen und in Scheiben schneiden. Danach in eine gefettete Auflaufform geben, mit Salz, Pfeffer und Paprika würzen. Den Fisch zugeben. Speckwürfel ausbraten und darin Zwiebelwürfel, gehäutete Tomatenachtel und Paprikastreifen ca. 10 Minuten dünsten, würzen und auf den Fisch geben.

Im Backofen bei Mittelhitze 10 Minuten garen, Sahne zugießen und weitere 15 Minuten im Ofen lassen.

Der Koch, der aus dem Norden kam

Er war eine Institution. Mehr als 40 Fernsehsendungen pro Jahr, Kochbücher, Kinowerbung, Anzeigenkampagnen und Rundfunksendungen - Rudolf Kroboth war **der Fischkoch** schlechthin. 1960 flimmerte er zum ersten Mal über die ostdeutschen Bildschirme und pries sowjetische Fischkonserven an. „Strömling in Tomate" lag unbeachtet in den Läden, bis die Werbeabteilung der VVB Hochseefischerei die Idee hatte, die beliebten Tausend Tele Tips zu nutzen - eine allabendliche Werbesendung des DDR-Fernsehens. Und schon verkaufte sich der Ladenhüter. Die Legende weiß von restlos ausverkauften Konserven und Tonnen von Fanpost zu berichten, die allerdings noch nicht Fanpost hieß. Sicher ist, dass nach dem ersten Fernsehauftritt des Fischkochs über 7.000 Briefe das Werbefernsehen in Berlin-Adlershof überschwemmten. Damals wie heute bedeutete soviel Popularität mehr Sendezeit und langfristige Verträge. Die DDR hatte ihre Werbelegende, lange vor Frau Antje, Käpt'n Iglo und Klementine.

eingerührt

„Der Hering schwärmt für Sie!", lese ich in einem hauswirtschaftlichen Ratgeber von 1965. „Den Fischern kann es gerade recht sein, ihn beim Schwärmen in Schwärmen zu fangen. Sie freuen sich, wenn sie mit silberglitzernder Fracht wieder dem heimatlichen Hafen zusteuern können. Dann ist der Weg über das Fischgeschäft bis auf Ihren Küchentisch nicht mehr lang."

Aber so leicht war es gar nicht, Fisch als Hauptnahrungsmittel zu etablieren. Nach offiziellen Angaben war der Pro-Kopf-Verbrauch bei Fleisch noch immer viermal höher als bei Fisch. Außerdem war zwischen 1960 und 1968 der Fleischkonsum um ganze 8 kg pro Kopf gestiegen, bei Fisch gerade einmal um 3,6 kg. Mitte der siebziger Jahre stellte das Leipziger Institut für Marktforschung sogar fest, dass der Verbrauch von Fisch seit 1966 nahezu konstant und in den letzten Jahren gar leicht rückgängig sei. Dabei strengten sich die Werktätigen der volkseigenen Fischwirtschaft nach Kräften an, Pläne nicht nur zu er-, sondern überzuerfüllen. Die Überbietung des Plans mit 23 Tonnen im VEB Saßnitzer Fischkombinat ist in jenen Jahren immerhin eine Zeitungsmeldung wert: „Durch neue Technologien wird der Hering besser ausgenutzt", erfährt der Leser und „dies alles dank der Knobelei einer Neuerer-Brigade". Welche Neuerung nun mehr Produkt mit weniger Hering gestattete, ist leider nicht zu erfahren. Aber dass zum Angebot außer Hering auch Makrele, Rotbarsch, Heilbutt, Sprotten und Sardinen gehören, wird berichtet.

Was aber ließ sich anfangen mit den frischen, gefrorenen oder anderweitig vorbereiteten Fischen, die im Handel landeten? Und wie konnte man die Vorliebe der Genossen und Kollegen für Fleisch ins Wanken bringen? Irgendwie musste es doch gelingen, den freundlichen Fisch und seine Artgenossen an den Konsumenten zu bringen.

Zum Glück hatte die sozialistische Fischwirtschaft ihren Trumpf im Ärmel! Den Fischkoch Rudolf Kroboth. Von Mai 1960 bis Ende 1972 erreichte er einige Millionen Fernsehzuschauer im 1. Programm des DDR-Fernsehens. Mehr als 600 „Tips des Fischkochs" sorgten für Abwechslung in den ostdeutschen Küchen.

Seine modern eingerichtete Fernsehküche präsentierte zugleich neue Haushaltgeräte und Zubereitungsarten. Küchenmaschine und Friteuse, Grill und Alufolie, Schnellkochtopf und Plastikgeschirr, all das lernten die interessierten Zuschauer beim Fischkoch kennen. Die Erkenntnis, dass Heringe nicht nur nach Großmutters Art mariniert schmecken und Fischfilet nicht nur gebraten werden kann, verdanken viele ihm und seiner unnachahmlichen Art, Fisch zu propagieren.

Mehr Mut zum Fisch, wirbt dann auch folgerichtig eines der Standardkochbücher der DDR. Er ist das ideale Nahrungsmittel und gestattet vielfältige Variationen, erfahrt der Hobbykoch – und wer gab in DDR-Zeiten schon gern zu, keiner zu sein. Zwar wäre jeder in der Lage, ein gewöhnliches Stück Schweinefleisch in allerlei Leckerbissen zu verwandeln, doch angesichts von Hecht und Heilbutt sähe man recht hilflos aus.
Dem Fischkoch konnte man aber auch live bei Schaukochveranstaltungen oder bei Werbeeinsätzen zu Messen begegnen. Er leitete Lehrgänge der Lehr- und Versuchsküche der VVB Hochseefischerei und war einer der wichtigsten Initiatoren der unvergessenen „Gastmahle des Meeres", jener Gaststättenkette, die von Kap Arkona bis zum Fichtelberg Fischgerichte anbot und Versorgungsschwierigkeiten wie allen Widernissen des ostdeutschen Alltags zum Trotz bis in die achtziger Jahre eine erste Adresse blieb, wenn man leckeren Fisch essen wollte.

Gekochter Seefisch (Grundrezept)

1 kg Fisch,
Zitronenscheiben,
Salz, Wurzelwerk,
1 Lorbeerblatt,
3 Gewürzkörner,
1 Zwiebel,
2 Nelken

Nur Fische mit Haut, am besten ganze Fische zum Kochen auswählen. Wasser, wenig Salz und Zitronenscheiben, kleingeschnittenes Wurzelwerk (Suppengrün), Lorbeerblatt, Gewürzkörner und die mit Nelken gespickte Zwiebel 15 Minuten kochen lassen.

In den heißen Gewürzsud den nach dem 3-S-System vorbereiteten Fisch legen, aufkochen und auf kleiner Flamme gar ziehen lassen. Der Fisch darf dabei nur zu einem Drittel mit Sud bedeckt sein. Die Garzeit beträgt bei kleinen Fischen etwa 15 Minuten, bei großen Fischen ca. 30 Minuten.

Zu gekochtem Fisch passen Tomaten-, Senf-, Kräuter-, Meerrettich-, Kapern-, Gurken-, Zwiebel- oder Specksoße.

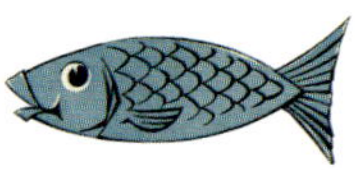

Gedünstetes Fischfilet mit Meerrettich

2 1/2 Essl. Pflanzenfett,
150 g geriebener Meerrettich,
800 g Fischfilet (Kabeljau, Seelachs,
Rotbarsch oder Thunmakrele),
Zitronensaft,
Salz,
1/2 l Fisch- oder Instantbrühe,
4 Essl. milder Essig (Empfehlung: Zitronenessig),
1 kleiner Becher saure Sahne oder Joghurt,
Petersilie,
etwas Soßenbinder für helle Soßen

In einer gefetteten Form geriebenen Meerrettich verteilen, darüber die nach dem 3-S-System vorbereiteten Fischfilets schichten, darauf ebenfalls Meerrettich streuen, mit Brühe begießen, Essig und wenig Salz zugeben. Alles 25 Minuten dünsten lassen. Die Brühe vorsichtig abgießen, mit der sauren Sahne (oder nach Geschmack dem Joghurt) mischen, etwas Pflanzenfett und Soßenbinder zugeben, nochmals alles gut durchkochen.
Den Fisch auf einer vorgewärmten Platte anrichten, mit Soße begießen und mit gehackter Petersilie bestreuen.
Dazu schmecken Salzkartoffeln.

Aal grün

750 g Aal,
1/8 l Essigwasser,
40 g Butter,
40 g Mehl,
3/4 l Brühe,
gehackter frischer Dill,
1 Wurzelwerk,
1 Zwiebel,
frischer Estragon,
frische grüne Minze

Den gewaschenen, ausgenommenen und abgezogenen Aal in Portionsstücke schneiden und mit kochendem Essigwasser übergießen. Für die Brühe knapp 1 l Wasser mit dem geputzten Wurzelwerk und 1 kleinen Zwiebel ansetzen. Wenigstens 10 Minuten sieden lassen, dann Estragon und grüne Minze zugeben, aufkochen und 10 Minuten durchziehen lassen.
Aus Butter und Mehl eine klassische Mehlschwitze bereiten und mit der Brühe auffüllen. Gut aufkochen lassen. Die Aalstücke in dieser Soße 15 Minuten ziehen lassen. Reichlich gehackten frischen Dill zugeben und weitere 10 Minuten ziehen lassen.

Hecht in saurer Sahne

1 Hecht von mindestens 1 kg,
Salz, 1 Lorbeerblatt,
4 Gewürzkörner,
1 Zwiebel,
50 g Butter oder Margarine,
1/4 l saure Sahne,
4 Essl. Reibekäse,
1/4 l Brühe,
Zitronensaft

Den vorbereiteten Hecht in Stücke teilen, salzen und mit Lorbeerblatt, Gewürzkörnern und Zwiebelscheiben in ein feuerfestes Gefäß legen. Butterflöckchen und saure Sahne zugeben und etwa 25 Minuten in der heißen Röhre garen, dabei mehrfach mit der Flüssigkeit begießen und mit Käse bestreuen.
Am Ende der Garzeit Lorbeerblatt, Gewürzkörner und Zwiebelscheiben herausnehmen, die Flüssigkeit mit heißer Brühe verrühren, mit Zitronensaft abschmecken und über den angerichteten Fisch gießen.

Kabeljau im Gemüsebett

600 g Kabeljaufilet,
1 mittelgroße Knolle Rote Bete,
300 g Bohnen, Bohnenkraut,
1 Bund Petersilie,
2 kleine Zwiebeln,
3 Essl. Butter,
100 ml Weißwein,
300 ml Fischfond,
200 g saure Sahne,
Saft 1/2 Zitrone,
Salz, weißer Pfeffer

Die Roten Bete waschen, putzen und in leicht gesalzenem Wasser weichkochen. Danach schälen und in Stäbchen schneiden. Die Bohnen waschen, halbieren und mit Bohnenkraut in gesalzenem Wasser etwa 3 Minuten kochen. Eine halbe feingehackte Zwiebel in etwas Butter goldgelb anbraten und mit Wein und Fischfond ablöschen. Die Kabeljaufilets in diesem Sud ca. 8 Minuten ziehen lassen, dann herausnehmen und warmstellen. Den Fond zu einem Drittel einkochen und mit saurer Sahne (besser: Crème fraîche) verfeinern, nochmals kurz durchkochen, mit Pfeffer, Salz und Zitronensaft abschmecken. Die restliche, ebenfalls feingehackte Zwiebel, in der übrigen Butter glasig dünsten, die Petersilie zugeben und mit Pfeffer (am besten frisch aus der Mühle) würzen. Die Rote-Bete-Stifte in der Soße erwärmen, die Bohnen in Butter schwenken. Gemüse ebenfalls mit Salz und Pfeffer abschmecken. Die Butter-Petersilie-Mischung auf den Filets verteilen und mit Soße und Gemüse anrichten.

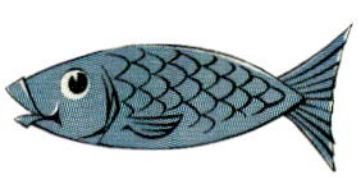

Pilsner Bierkarpfen

1 1/2 bis 2 kg Karpfen,
Salz,
1 Zwiebel (in dünne Scheiben geschnitten),
1/2 Sellerie (in dünne Scheiben geschnitten),
60 g Margarine,
4 Essl. Semmelbrösel,
10 Pfefferkörner,
1 Lorbeerblatt,
1 1/2 bis 2 Flaschen Pilsner Bier

Den küchenfertigen Karpfen in 2 cm breite Tranchen schneiden. In einer feuerfesten Form die Zwiebel- und Selleriescheiben mit etwas Margarine halbgar dünsten, darunter die Semmelbrösel mischen.
Die Karpfenstücke auflegen und zerdrückte Pfefferkörner sowie das Lorbeerblatt zugeben. Bier aufgießen und das Gefäß zudecken.
Zum Kochen bringen, dann bei geringer Hitze noch 15 Minuten ziehen lassen.
Die Karpfenstücke auf einer vorgewärmten Platte anrichten und mit der durchgeseihten Soße begießen.

Warnemünder Kräuterscholle

4 Schollen oder Flundern,
1 1/2 Tassen Kräuteressig,
2 Bund Petersilie,
2 Bund Dill,
1 Zweig frischer oder
1/2 Teel. getrockneter Thymian,
2 Zwiebeln,
1 Glas Weißwein,
2 Essl. Butter oder Margarine,
1/8 l Brühe oder Fischfond,
Salz, Pfeffer,
heller Soßenbinder

Die küchenfertigen Fische auf den Hautseiten in Abständen von 2 cm einschneiden. In eine Schüssel legen und mit einer Marinade aus Essig und 2 Essl. fein gehackten Kräutern begießen. Wenigstens 30 Minuten ziehen lassen.
Inzwischen in einer großen Pfanne mit festschließendem Deckel die fein geschnittenen Zwiebeln anschwitzen, zuletzt 1 Essl. fein geschnittene Petersilie zugeben. Die Fische salzen und pfeffern und auf das Zwiebel-Kräuter-Gemisch legen, den Weißwein und die Marinade zugießen. Den Deckel schließen und den Fisch bei schwacher Hitze gar ziehen lassen.
Die Fische vorsichtig herausnehmen und warmstellen. Den Dünstsaft mit etwas Brühe oder Fischfond auffüllen, binden und abschmecken. Diese Soße über die Fische geben und mit den restlichen Kräutern bestreuen.

Schollenfilet mit Paprika

4 Schollenfilets ohne Haut (je ca. 230 g),
2 Essl. Zitronensaft,
je 1 rote und 1 grüne Paprika,
1/4 l Instant-Hühnerbrühe,
2 Essl. Tomatenmark,
Salz, Pfeffer,
frischer Thymian,
100 g Butter

Die Schollenfilets waschen, trockentupfen und längs halbieren. Mit Zitronensaft säuern. Die Paprikaschoten halbieren. Mit einem scharfen Küchenmesser die Stängelansätze herausschneiden. Anschließend die scharfen Samenkörner und die weißen Trennwände sorgfältig entfernen. Die Paprikahälften waschen und längs in sehr schmale Streifen schneiden. Diese Paprikastreifen in der Hühnerbrühe bissfest garen, dann mit einer Schaumkelle aus der Brühe heben.

Die Schollenfilets auf einer Seite mit Tomatenmark bestreichen. Mit Salz und Pfeffer würzen, einige Thymianblättchen darüberstreuen. Abgetropfte rote und grüne Paprikastreifen jeweils quer auf die Fischfilets legen. Filets fest aufrollen und mit Holzspießchen (Zahnstocher) feststecken. Nun die gefüllten Fischröllchen in die Brühe legen, mit zwei Teelöffeln Butterflöckchen auf die Röllchen setzen und die Röllchen in der Brühe garen.

Restliche Thymianblättchen in den Fond geben und mit Salz und Pfeffer abschmecken. Dazu körnigen Reis servieren.

Forelle in Apfelsoße

2 Forellen,
4 Teel. Essig,
1 l Salzwasser,
4 Äpfel,
1/4 l lieblicher Weißwein,
1 Essl. Zucker,
1/2 Teel. Zimt,
1 unbehandelte Zitrone,
1 Prise frisch geriebener Muskat,
Butter, Salz

Die vorbereiteten Forellen im Ganzen in erwärmtes, mit Essig versetztes Salzwasser geben, zum Sieden bringen und dann 10 bis 15 Minuten ziehen lassen. Die Forellen vorsichtig herausnehmen und abtropfen lassen.
Während die Fische ziehen, die Apfelsoße bereiten. Dafür die Äpfel schälen, entkernen und in ganz kleine Stückchen schneiden. Den Weißwein mit wenig Zucker und etwas Zimt würzen und die Apfelstückchen ca. 10 Minuten darin dünsten, dann durch ein Sieb streichen. Die Apfelsoße mit abgeriebener Zitronenschale und Muskat würzen, die Butter unterrühren und nochmals erhitzen.
Die fertige Soße über die Forellen geben und mit Petersilienkartoffeln servieren.

Dorschfilet mit Joghurt-Quark-Soße

800 g Dorsch,
2 Zitronen, Salz,
60 g Butter,
3 Essl. Weißwein,
1 Apfel,
1 gekochte Sellerieknolle,
100 g Walnusskerne oder abgezogene Mandeln,
250 g Joghurt,
250 g Sahnequark,
Petersilie, Dill, Schnittlauch

Vom küchenfertigen Dorsch 4 Koteletts schneiden. Diese mit Zitronensaft beträufeln und salzen.

In einer feuerfesten Form die Butter zerlassen und die Koteletts hineinlegen. 3 Essl. Weißwein zugeben und bei geschlossenem Deckel dünsten.

Apfel und gekochten Sellerie in feine Würfel schneiden. Die gehackten Nüsse zugeben. Aus Joghurt und Sahnequark eine Soße rühren und unter die Apfel-Sellerie-Nuss-Mischung heben. Mit Salz und Zitronensaft abschmecken. Alles mit den feingeschnittenen Kräutern vermengen und über den gedünsteten Fischkoteletts verteilen. Mit Tomatenachteln garnieren.

Tipp: Statt Dorsch kann auch Kabeljau verwendet werden.

Fische mögens heiß

„Das ganze Jahr fangen unsere Fischer in den klaren Fluten des Meeres viele Arten Seefische. Zu jeder Jahreszeit ist eine andere Fischart Trumpf". Zuständig dafür war die volkseigene Fischwirtschaft. Fischereiflotte und Verarbeitungsbetriebe, Fischzucht und Fischgeschäfte arbeiteten planmäßig und zum Wohle des Sozialismus in der Vereinigung volkseigener Betriebe (VVB) daran, Fisch „frisch aus dem Netz" auf jeden Tisch zu bringen. Entlang der Küste wurde Fischverarbeitung zum Industriezweig. Zumindest solange er vorhanden war.

Verschiedene Staaten führten 200-Seemeilen-Zonen vor ihren Küsten ein. Der DDR schwammen förmlich die klassischen Fanggründe für Hering, Sprotten, Seelachs, Heilbutt, Kabeljau und Rotbarsch davon. Im Frühsommer 1977 dehnte Schweden seine Fischereizone bis zur Ostseemitte aus, Polen folgte. Das DDR-Außenministerium wartete mit einer Ministerratsvorlage nach schwedischem Vorbild auf, die schon im Dezember des Jahres in Kraft trat. Das machte zwar anderen Fischfangnationen einen Strich durch die Rechnung, änderte aber nichts am Hauptproblem: In Ost- und Nordsee jagten immer mehr Schiffe nach immer weniger Fisch. Also folgte, was immer folgte. Industrie und Handel vereinten sich alle in dem Bestreben, den Mangel zu verwalten und der zum Glück noch in Größenordnungen eingefangenen Makrele die besten Seiten abzugewinnen. Dieser schöpferischen Aufgabe nahmen sich sogar die Unterhaltungskünstler der DDR an. So dichtete ein Moderatorenpaar in „Ein Kessel Buntes", der beliebten Sonnabend-Abendshow des DDR-Fernsehens:

„Was erfreut des Menschen Seele,
das ist die DDR-Makrele".

eingedeckt

Ob gekocht, gegrillt, gebraten, gebacken, mariniert oder zu Salaten verarbeitet, der Fischkoch Rudolf Kroboth hatte für jede Zubereitungsart ungezählte Rezepte zur Hand. Über zweieinhalbtausend Kochbücher soll er besessen haben und dass Kochen seine Leidenschaft war, konnte jeder spüren, der mit ihm zu tun hatte. Berufsinteressen und Freizeitvergnügen aufs glücklichste vereint - das trifft auf ihn wie kaum auf einen anderen zu. Wenn man weiß, dass der Fischkoch eigentlich der Werbeleiter der VVB Hochseefischerei in Rostock war, bekommt dieser Satz eine ganz neue Bedeutung. „Fische kann man nur dann erfolgreich verkaufen, wenn zweckmäßige Zubereitungsvorschläge mitgeliefert werden", verkündete der Leiter der Werbeabteilung und so wurde aus ihm der „Fischkoch". Abwechslungsreich, delikat, gehaltvoll und dazu preiswert, das war seine Devise.

Ihm verdankt die DDR-Küche die eingängige Formel vom 3-S-System für die Fischvorbereitung (Säubern - Säuern - Salzen), er brachte das Fischfilet in Alufolie auf den Tisch und machte internationale Spezialitäten populär. Natürlich immer „dem Marktangebot und den jahreszeitlichen Gegebenheiten" angepasst. Seine schnelle Küche mit „Grönlandschnitten" (küchenfertiges, paniertes, tiefgefrorenes Fischfilet, im Volksmund als „Panzerplatten" bekannt), Fischstäbchen oder Dosenfisch war bald in aller Munde. Saßnitzer und Rostocker Fischverarbeitung lieferten dafür die Zutaten. Mehr als 2.500 Tonnen Fischwaren sah der Plan Mitte der sechziger Jahre vor: Geräuchert, gefroren, gebraten, mariniert, in Dosen gesperrt.

Doch als Anfang der 70er Jahre die goldenen Fischzeiten zu Ende gingen, verabschiedete sich auch der Fischkoch und machte dem „Fernsehkoch" Platz, dessen Aufgabe es nun war, „Nimm ein Ei mehr" salonfähig und den Goldbroiler schmackhaft zu machen.

Der Fischkoch aber gönnte sich einen letzten spektakulären Auftritt. 1976 spielt er in einer DEFA-Komödie sich selbst und preist die Makrele als den Nutzfisch der Zukunft, als den Ersatzstoff für **richtigen** Fisch: „Makrele, die Pute des Meeres, ersetzt geräuchert vorzüglich den Aal. Die Makrele übertrifft ihn weit an Kalorienarmut. Die Makrele nährt, sättigt und bläht nicht..." Und was kann man mehr von einem Fisch erwarten.

Fischfilet im Silberkleid

800 g filetierter Fisch,
Porreestangen,
2 Essl. Zitronensaft,
Salz, Pfeffer,
Worcestersoße,
50 g Margarine,
1 Zwiebel,
200 g Champignons oder andere frische Pilze,
2 Essl. feingehackte Kräuter,
2 Tomaten

Den vorbereiteten Fisch in gleichmäßige Portionsstücke teilen, mit Zitronensaft beträufeln, mit Salz, Pfeffer und Worcestersoße würzen und portionsweise auf entsprechend zurechtgeschnittene, gefettete Alufolie legen. Darüber die mit Margarine und Zwiebeln halbgar gedünsteten Champignonscheiben und die Kräuter verteilen. Die Alufolie zusammenkniffen und die Silberpakete 15 bis 20 Minuten grillen. Beim Anrichten die Folie öffnen, etwas zurückschlagen und den Fisch mit Tomatenscheiben garnieren.

Makrelenfilet mit Knoblauch und Rosmarin

4 Knoblauchzehen,
4 Tomaten,
4 Makrelenfilets (ca. je 170 g)
Saft von 2 Zitronen,
1/2 Teel. Salz, weißer Pfeffer,
2 Essl. Mehl,
1 kleine Zwiebel,
4 Essl. Butter,
100 g saure Sahne,
6 Essl. Sonnenblumenöl,
Rosmarinzweige

Die Knoblauchzehen in feine Scheiben und die gehäuteten Tomaten in Würfel schneiden. Die vorbereiteten Makrelenfilets mit Salz, Zitronensaft und Pfeffer würzen und mit Mehl bestäuben. Die Zwiebel (Sie können auch eine Schalotte verwenden) fein würfeln und in der Butter andünsten, die Tomaten dazugeben und kurz mitdünsten. Etwas saure Sahne (oder Crème fraîche oder Crème double) unterrühren und mit Salz und Pfeffer würzen. Das Öl erhitzen, 1 Essl. Butter zugeben und die Makrelenfilets auf beiden Seiten darin braten. Den Rosmarin waschen, abzupfen und fein hacken (einige Spitzen für die Garnitur beiseite legen). 2 Essl. Butter in die Pfanne geben, aufschäumen lassen, Rosmarin und Knoblauch dazugeben und alles mit Salz, Pfeffer und Zitronensaft würzen. Die Filets auf den Tomaten anrichten, mit der Knoblauch-Rosmarin-Butter übergießen, Rosmarinspitzen darüberstreuen. Dazu schmecken sowohl Reis als auch Bratkartoffeln.

Gebratene Speckscholle

1 Bund Petersilie,
200 g durchwachsener Speck,
4 küchenfertige Schollen (ca. je 350 g),
Salz, weißer Pfeffer,
Saft von 1 Zitrone,
1 Teel. Worcestersoße,
2 Essl. Mehl,
Öl zum Braten,
40 g Butter

Die Petersilie fein hacken, den Speck (ohne Schwarte) in schmale, kleine Streifen schneiden. Die Flossen und Köpfe der Schollen abschneiden, die Schollen waschen, trockentupfen und mit Salz, frisch gemahlenem weißen Pfeffer, Zitronensaft und Worcestersoße würzen, anschließend mit Mehl bestäuben. Das Öl in einer Pfanne erhitzen, 1 Essl. Butter dazugeben und die Schollen darin nacheinander auf beiden Seiten ca. 8 Minuten knusprig braun braten. Herausnehmen und warmstellen. Den Speck in der Pfanne knusprig ausbraten, dann die Butter zugeben und bräunen. Alles mit Salz, frisch gemahlenem Pfeffer, Zitronensaft und Worcestersoße würzen und über die Schollen geben. Mit Petersilie bestreuen und mit frischem Kartoffelsalat servieren.

Entrecote aus Kapitänsfisch

500 g Heilbuttfilet,
Salz, Pfeffer,
Zitronensaft,
3 Essl. Semmelbrösel,
2 Essl. Öl,
1 Meerrettichwurzel

Den entgräteten Fisch in große Portionsstücke teilen, leicht klopfen, salzen, pfeffern und mit etwas Zitronensaft beträufeln. Anschließend mit Semmelbrösel panieren. Sobald das Öl heiß ist, die Fischportionen darin von beiden Seiten braten.
Den Meerrettich putzen. Die Fischportionen auf eine vorgewärmte Platte legen, den Meerrettich frisch darüber reiben. Dazu passen Bratkartoffeln.

Gebackene Harzerlandforellen

4 Forellen (ca. je 300 g),
5 Essl. Zitronensaft,
Salz, 4 Essl. Mehl,
4 Eigelb, 4 Essl.Semmelbrösel,
Fett zum Ausbacken,
Für die Soße:
3 hartgekochte Eier,
2 Zwiebeln,
2 Teel. Kapern,
2 Gewürzgurken,
3 Essl. frische Kräuter,
2 Teel. Kräutersenf,
1 Prise Zucker,
125 g Mayonnaise

Die küchenfertigen Forellen mit Zitronensaft beträufeln und salzen. Danach zuerst in Mehl, dann in den geschlagenen Eigelb und zuletzt in den Semmelbröseln wenden. Diesen Vorgang einmal wiederholen, bis eine dicke Panade entstanden ist. Das Fett erhitzen und die Fische darin ca. 12 Minuten ausbacken, bis sie goldgelb sind.
Zwischenzeitlich die Soße bereiten. Dafür die Eigelb durch ein Sieb streichen, Eiweiß, Zwiebeln, Kapern, Gurke und Kräuter fein hacken und mit Senf, Zucker und Mayonnaise (oder nach Geschmack Crème fraîche) verrühren. Diese Soße zu den gebackenen Forellen servieren. Dazu schmeckt ein frischer Salat.

Fischlyk

1 kg Fischfilet (verschiedene Sorten),
1 Essl. Weinessig,
3 Essl. Öl,
Salz, Pfeffer,
1 Knoblauchzehe,
1 geriebene Zwiebel,
1 Prise Zucker,
6 Zwiebeln,
2 Zitronen

Den küchenfertigen, vorbereiteten Fisch in Würfel schneiden und in eine Schüssel geben. Aus Essig, Öl, Salz, Pfeffer, gehacktem Knoblauch und geriebener Zwiebel eine Marinade herstellen, über die Fischwürfel geben und alles gut umwenden. Dann für 1 bis 2 Stunden in den Kühlschrank stellen, nochmals umwenden. Etwa 20 Minuten vor dem Essen jeweils ca. 6 Fischwürfel auf Holzspieße stecken, dazwischen immer ein gleichgroßes Stück Zwiebel spießen, abschließend mit der Marinade bepinseln. Auf dem Holzkohlengrill etwa 12 Minuten unter öfterem Wenden rösten (auf dem Rost in der vorgeheizten Backröhre braucht das Fischlyk einige Minuten weniger zum Garen).
Dazu schmecken körniger Reis und frischer Salat.

Tipp:
Die Knoblauchzehe und die in kleine Würfel geschnittene Zwiebel statt zu reiben gemeinsam in die Knoblauchpresse geben und dann in die Marinade rühren.

Rotbarsch im Kohlmantel

4 Rotbarschfilets (je ca. 200 g),
2 Essl. Zitronensaft,
Salz,
8 Chinakohlblätter,
4 Scheiben Käse (z. B. Emmentaler),
2 Essl. Butter,
100 ml Fischfond,
Zitronenscheiben,
Dill zum Garnieren

Die Fischfilets nach dem 3-S-System vorbereiten. Die Chinakohlblätter waschen und in kochendem Salzwasser ca. 4 Minuten blanchieren, abtropfen lassen.
Die Fischfilets mit je 1 Käsescheibe belegen, dann je 1 Filet auf 2 Chinakohlblätter legen und als Roulade aufrollen. Mit Küchengarn zusammenbinden. Die Butter in einem Topf erhitzen und die Fisch-Kohl-Rouladen darin von allen Seiten andünsten. Den Fischfond zugießen und ca. 10 Minuten bei geringer Hitze garziehen lassen. Nicht kochen!
Die Rouladen herausnehmen, das Küchengarn entfernen und die Fischfilets mit Zitronenscheiben und Dill anrichten.

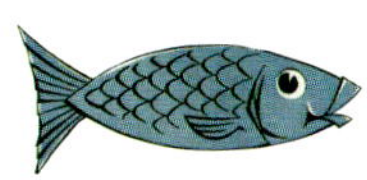

Gebratener Kabeljau

1 1/2 kg Kabeljaufilet,
1/2 l Weißwein,
4 Essl. Essig,
1 Zwiebel,
1 Lorbeerblatt,
1 Essl.Gewürzkörner
(Wacholderbeeren, Pfefferkörner),
100 g Speck,
Saft von 1 Zitrone,
2 Essl. Butter,
saure Sahne

Die küchenfertigen Kabeljaufilets in einer Marinade aus Weißwein, Essig, Zwiebel, Lorbeerblatt und zerdrückten Gewürzkörnern etwa 4 Stunden ziehen lassen.
Herausnehmen, mit gesalzenem Speck spicken, mit Zitronensaft beträufeln und in heißer Butter braten.
Für die Soße die saure Sahne mit der durchgeseihten Marinade mischen und erhitzen.
Dazu Salzkartoffeln servieren.

Forelle mit Sauerampfersoße

125 g durchwachsener Speck ohne Schwarte,
400 g Sauerampfer,
4 kleine, küchenfertige Forellen (je ca. 200 g),
2 Essl. Zitronensaft,
Salz,
Pfeffer (am besten frisch gemahlen),
3 Essl. Mehl,
70 g Butter,
125 g süße Sahne

Den Speck in Würfel schneiden und in einer Pfanne ausbraten, auf Küchenpapier abtropfen lassen. Den Sauerampfer waschen, trockenschütteln und in Streifen schneiden.
Die Forellen mit Zitronensaft beträufeln, mit Salz und Pfeffer würzen und in Mehl wenden. Eventuell überschüssiges Mehl wieder abklopfen. 60 g Butter in einer ausreichend großen (oder 2 kleineren) Pfanne erhitzen und die Forellen darin von jeder Seite ca. 5 Minuten braten. Die restliche Butter in einem Topf erhitzen und den Sauerampfer darin andünsten. Mit Salz und Pfeffer würzen. Anschließend die Sahne aufgießen und kurz ziehen lassen.
Die gebratenen Forellen mit dem Speck und der Sauerampfersoße anrichten.
Dazu schmeckt Reis.

Zander in Käsekruste

400 g Zanderfilet,
1 kleine Zwiebel,
knapp 1/4 l süße Sahne,
1/8 l Weißwein oder Wasser,
etwas Butter,
Zitronensaft,
Soßenbinder,
75 g frisch geriebener Käse
(am besten Parmesan),
Salz, Pfeffer

Die Zwiebel schälen und fein hacken. Die Zanderfilets waschen, trockentupfen, mit Zitronensaft einreiben und kräftig mit Salz und Pfeffer würzen. In einer Pfanne Butter erhitzen und die Zwiebel darin weich dünsten. Dann die Fischstücke dazulegen, bei kleiner Hitze nur halb garen und in einer feuerfesten Form im Ofen warm stellen. In die Pfanne, in der der Fisch zubereitet wurde, die Sahne gießen, aufkochen lassen, etwas Weißwein zugeben und mit hellem Soßenbinder abbinden. Abschmecken und ca. 3/4 der Sauce über die Fischfilets gießen.
Den Rest der Sauce separat servieren. Die Fischfilets mit dem Käse bestreuen und im Backofen kurz überbacken.

Heringe in Alufolie

4 mittelgroße grüne Heringe,
Zitronensaft, Salz, Öl,
frische Kräuter

Die vorbereiteten Heringe abtrocknen, am Rücken leicht schräg einschneiden, mit Zitronensaft, Salz und gehackten Kräutern würzen. In geölte Alufolie wickeln und grillen.

Gefüllte Heringe

4 grüne Heringe,
Zitronensaft,
100 g Weißbrot,
1 Tasse Milch, 1 Ei,
2 Essl. Tomatenketchup,
2 Essl. Butter,
Salz, Öl

Das Weißbrot in heißer Milch einweichen, nach dem Abkühlen mit dem Ei, Ketchup und der Butter verarbeiten, gegebenenfalls nachwürzen. Die vorbereiteten, innen und außen gesäuerten Heringe leicht salzen, die Füllung in die Bauchhöhle streichen und die gut mit Öl bepinselten Fische von beiden Seiten grillen.

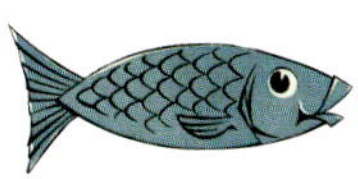

Forelle nach Pariser Art

4 Forellen,
50 g süße Mandeln,
2 bittere Mandeln,
80 g Butter,
1 Apfelsine,
Salz, Pfeffer, Öl

Die abgezogenen Mandeln sehr fein hacken, mit Butter, einigen Tropfen Apfelsinensaft und etwas Salz verkneten. Zu einer Rolle geformt in Alufolie einwickeln und kalt stellen.
Die Forellen ausnehmen, leicht salzen und pfeffern, mit Öl oder flüssiger Butter bestreichen, grillen. Jede Forelle mit 2 Scheiben Mandelbutter und Apfelsinenscheiben servieren.

Gegrillte Makrele

4 kleine Makrelen (je ca. 300 g),
Zitronensaft,
Salz, Pfeffer,
100 g Käuterbutter,
Schnittlauch, Petersilie, Dill

Die Makrelen nach dem 3-S-System vorbereiten, mit Pfeffer würzen. Kräuterbutter und gehackte Kräuter in und auf die Fische verteilen und jeden Fisch in ein entsprechend großes Stück Alufolie wickeln. Die Alupakete ca. 30 Minuten grillen. Mit frischem Salat servieren.

Hecht am Spieß

1 Hecht von ca. 1 kg,
50 g Speck,
Salz, Zitronensaft,
100 g Butter,
1 Essl. gehackte Kräuter

Den küchenfertigen Hecht mit dünnen Speckstreifen spicken. Innen und außen salzen und säuern. 50 g Butter mit den Kräutern vermischen und gut gekühlt in den Bauch des Fisches füllen. Mit Rouladennadeln zustecken.
Den Hecht auf dem Drehspieß eines entsprechenden Grillgerätes befestigen und mit flüssiger Butter beträufeln. Während des Grillens den Vorgang mehrfach wiederholen.

Tipp:
In geselliger Runde an einem warmen Sommerabend schmeckt dieser Hecht vom Holzkohlegrill einfach unwiderstehlich. Warmes Brot, ein gartenfrischer Salat und ein leichter trockener Weißwein dazu machen den Genuss vollkommen.

12 Uhr mittags

Dass es nicht immer frischer Fisch sein muss und auch Konserven einen Feinschmecker zu Fisch verführen können, ist schon lange bekannt. Für Konservenfisch jeder Art war in der DDR das Fischkombinat Rostock zuständig. In seinen besten Zeiten beschäftigte es über 50.000 Mitarbeiter, davon bis zu 60 % Frauen. Die Kühl- und Transportschiffe „Stubnitz“ und „Granitz“, später die Frosttrawler „Ostsee“; „Nordsee“ und „Skagerrak“, „Kattegat“, „Malangen“ und eine Vielzahl von Fischkuttern gehörten ebenso zum Kombinat wie Verarbeitungsbetriebe in Rostock, Saßnitz, Garz und anderswo entlang der Küste. Fisch wurde gebraucht, viel Fisch. 1971 beispielsweise wurden im Kombinat 60.000 Tonnen Fisch angelandet und davon allein im weitbekannten VEB Fischwerk Saßnitz - sozusagen der Mutter aller Heringsbüchsen - 14.000 Tonnen zu Konserven verarbeitet. Und die waren landauf, landab begehrt, ließ sich doch aus ihnen manch schnelle Mahlzeit zaubern.

eingebettet

Spätestens Ende der achtziger Jahre ist längst nicht mehr die Rede von „Fisch auf jeden Tisch“. Mit der Versorgung sieht es alles andere als rosig aus. Und so wird mit einem einzigen Satz in einem Kochbuch jener Jahre die eigene Geschichte sozusagen vom Tisch gefegt: "Mit den Islandfischern und den Neufundlandfahrern, später durch moderne Fangausrüstungen und neue Konservierungsmittel und -methoden kam dann eine Zeit, die das Motto 'Fisch auf jeden Tisch' proklamierte und den Reichtum der Meere für unerschöpflich hielt. Wir wissen heute, daß dem nicht so ist... und so kommt es, daß die vornehmen Forellen und der Karpfen heute viel häufiger in Topf und Pfanne zu finden sind als der Hering..."

Stimmte und stimmte auch wieder nicht. Selbst Forelle und Karpfen gehörten nicht zum täglichen Angebot. Fischkonserven jedoch schon, wenn sie nun auch immer öfter mit Makrele statt mit Hering gefüllt wurden. Und die meisten Konserven, die über die DDR-Ladentische gingen oder unter ihnen auf bevorzugte Kunden, gute Bekannte halt, warteten, waren Produkte des VEB Fischwerk Saßnitz. 1966, so liest man heute, gab es bereits 18 verschiedene Konserven mit dieser Firmenaufschrift. Hering, Rollmops, Makrele, verschiedene Soßen und Würzzubereitungen sorgten für Abwechslung.

Das hatte Tradition. Ein gewisser Herr Appel gründete Ende des 19. Jahrhunderts in Lauterbach auf Rügen eine Fabrik zur Verarbeitung von Heringen. Im Rügenschen Kreis- und Anzeigenblatt vom Juni 1895 wird berichtet, dass „die amtliche Besichtigung der...neu errichteten Fischconserven-Fabrik durch den Herrn Gewerbe-Inspector stattgefunden hat“ und nun „behördlicherseits kein Hinderniß mehr im Wege (steht), den Betrieb aufzunehmen“. Interessant auch der Satz, dass „vorläufig nur der Häring be- und verarbeitet wird, doch soll später auch die Fabrication von Aal-Conserven aufgenommen werden...“

Hering und selbst Aal gehörten etwa 80 Jahre später, als die altehrwürdige Fabrik Teil des Fischkombinates Rostock war, noch immer zur Produktpalette, auch wenn das meiste davon in den delikat-Läden landete. Tonnenweise Räucherware, Brat-, Kalt- und Feinmarinaden wurden hier hergestellt, mit denen sogar die Erbauer der Baikal-Amur-Magistrale im fernen Sibirien ihren Hunger stillten. Im ostdeutschen Alltag dominierte geräucherte Makrele, Makrele in Öl oder Würztunke, Bratmakrele und Makrele in Aspik. Dass die Saßnitzer auch andere Fische verarbeiteten, war kein Geheimnis. Dass die Konserven schmeckten und sich problemlos zu vollwertigen Mahlzeiten komplettieren ließen, auch nicht. So ist nicht verwunderlich, dass nach der Wende der Betriebsteil in Lauterbach auf Rügen zur Mutter der Rügen Feinkost GmbH wurde. 1991 gegründet, gehört das junge, alte Unternehmen heute dank gezielter Investitionen zu den modernsten Produktionsbetrieben der Fischfeinkost- und Convenience-Industrie. In Saßnitz entstand eine hochmoderne Produktionsstätte zur Herstellung von Matjesprodukten, in Garz von Convenience-Erzeugnissen und Fischmarinaden und in Rostock von Salaten und Soßen. Letztere werden unter der Traditionsmarke „Maro“ vertrieben. Hier wurden früher die DDR-bekannten Margarinesorten Sonja, Marina und Sahna produziert. Als die Produktion vom neuen Eigentümer nach Dresden verlagert wurde, kaufte die Rügen Feinkost 1996 das Gelände und investierte in eine völlig neue Produktionsstätte für Feinkostsalate, Sahneheringsfilets, Mayonnaisen, Ketchup etc.

Saßnitzer Fischerbrote

4 Scheiben Mischbrot,
40 g Butter,
1 Dose Fisch in Tomatensoße,
60 g Reibekäse, Schnittlauch

Das Brot mit Butter bestreichen und den aus der Soße genommenen Fisch darauf verteilen. Den geriebenen Käse mit der Tomatensoße verrühren und über den Fisch geben. Im vorgeheizten Grill überbacken und mit Schnittlauchröllchen bestreut servieren.

Dosenfisch mit Käsenudeln

4 bis 5 Kohlrabi,
Salz, Pfeffer,
je 1 Essl. Margarine und Mehl,
250 g Nudeln,
2 Essl. geriebener Käse,
2 Büchsen Dosenfisch

Die geschälten Kohlrabi grob raffeln, mit dem gehackten, zarten Grün in 3/8 l kochendes Salzwasser geben und auf kleiner Flamme garen. Aus Mehl und Margarine ein Fettklößchen formen, auflegen, unter Rühren auflösen und durchkochen. Die gekochten, abgetropften Nudeln mit dem Käse bestreuen, anrichten. Den Dosenfisch in die Mitte der Platte geben und mit Kohlrabigemüse umranden.

Fischertoast

4 Scheiben Graubrot,
4 Scheiben Schinkenspeck,
Butter, 1 Teel. Zwiebelsalz,
1 Dose Fisch in Tomatensoße,
4 Scheiben Käse

Die getoasteten Brotscheiben mit Butter bestreichen und mit Schinkenspeck belegen. Den Fisch in Tomatensoße mit dem Zwiebelsalz würzen und auf den Brotscheiben verteilen. Je 1 Käsescheibe auflegen und grillen.

Sardinen in Tomate

4 schnittfeste, große Tomaten,
1 Dose Ölsardinen,
Pfeffer, 1 Teel. Kapern,
1 hartgekochtes Ei,
1 Essl. Tomatensaft,
1 Teel. Zitronensaft, Petersilie

Die Tomaten aushöhlen und sparsam mit Salz und Pfeffer würzen. Ölsardinen, Kapern und Ei hacken, etwas Sardinenöl, Tomatenketchup und Zitronensaft dazugeben, mischen und die Masse in die Tomaten füllen. Mit Petersilie garnieren.

Dass Qualität sich durchsetzt, hat Rügen Feinkost in den letzten Jahren eindrucksvoll bewiesen. Unter dem Motto „Immer etwas besser" haben die Saßnitzer den regionalen Markt nicht nur zurückerobert, sondern sich auch national eindrucksvoll als Anbieter hochwertiger Feinkostprodukte platziert. Ein interessantes, neues Angebot ist das „Witzigmann Frisch & Fein"-Sortiment, das es dem Profi- wie Hobby-Koch leicht macht, schnell, günstig und ohne großen Aufwand leckere Speisen herzustellen. Also ganz der Tradition der schnellen Küche verpflichtet, die schon bei den Konserven und Angeboten vor der Wende eine Rolle spielten.
Und eine zweite Parallele fällt auf. Holte sich die DDR-Fischindustrie in den 60er Jahren den legendären Fischkoch ins Boot, um die eigenen Produkte besser zu verkaufen, so setzt die Rügen Feinkost heute auf die Zusammenarbeit mit dem bekannten Sternekoch Eckart Witzigmann, der nicht nur mit Biolek in Fernsehtöpfen rührt, sondern auch den Saßnitzer Produkten Erfahrung und Namen leiht. Für Koch und Produzenten eine große Herausforderung, schließlich wollte man individuelle Kochkunst und industrielle Fertigung unter einen Hut - oder besser Deckel - bringen. Gut war dabei niemals gut genug.
Was herausgekommen ist, schmeckt nicht etwa nach Fertiggericht aus der Plasteschale, auch wenn es in der Mikrowelle im Nu tischfertig zubereitet ist. Ein in Deutschland bislang selten angewandtes Garverfahren, das „Sous Vide", wurde eigens im Interesse von Geschmack und Qualität eingeführt. Frische, rohe Zutaten werden hierfür unter Vakuum verpackt und in der Verpackung bei niedrigen Temperaturen auf den Punkt genau gegart. So schmeckt es immer wie frisch gekocht und die Vitamine und Nährstoffe bleiben erhalten. In der französischen Gastronomie schwört man seit mehr als 20 Jahren auf diese Art der Zubereitung. Frisch und unverfälscht kommen heute aber nicht mehr nur Fischgerichte, sondern auch Suppen, Fleisch- und internationale Spezialitäten sowie Gemüse und Desserts auf den Tisch. Ein ganzer Gourmet-Baukasten - davon hat der umtriebige Fisch der volkseigenen Fischwirtschaft noch nicht einmal geträumt.

Paprikatopf mit Fischstäbchen

1 Paket Fischstäbchen (400 g),
60 g Rauchspeckwürfel,
500 g Paprikafrüchte,
1/2 Glas Weißwein,
Salz, Pfeffer

Die Fischstäbchen in heißem Öl von beiden Seiten goldgelb braten und dann in Würfel schneiden. Die Rauchspeckwürfel ausbraten und darin die in kleine Streifen geschnittenen Paprikafrüchte gar dünsten.
Den Weißwein zugießen und vorsichtig die Fischstäbchenwürfel unterheben.
Dazu schmeckt Risotto.

Tipp:
Sie können das Paprikagemüse auch mit etwas saurer Sahne abziehen und entsprechend nachwürzen.

Fischstäbchen waren in der DDR übrigens seit Ende der 60er Jahre im Angebot. Manche davon schmeckten sogar ganz lecker, andere wiederum waren selbst mit Nachwürzen schwer genießbar und widersetzten sich recht erfolgreich allen Verfeinerungsversuchen.

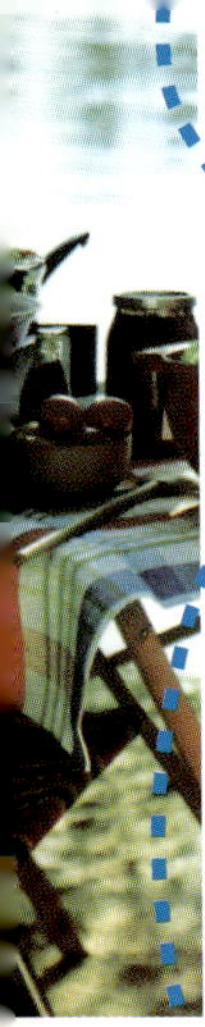

Saßnitzer Fischsalat

1 Dose Heringsfilet in beliebiger Soße,
1 hartgekochtes Ei,
1 saure Gurke,
2 Essl. gehackte Paprikafrucht,
1 Essl. milder Essig,
2 Essl. Öl,
Salz, Pfeffer,
Worcestersoße

Den Inhalt der Fischkonserve in eine Schüssel geben und den Fisch zerkleinern. Ei, Gurke und Paprikafrucht fein würfeln und zugeben. Essig und Öl verrühren und darüber gießen. Mit Worcestersoße, Pfeffer und Salz pikant abschmecken.

Tipp:
Der Salat kann noch mit 1 Essl. gebratenen Rauchspeckwürfeln und einer fein gehackten Zwiebel verfeinert werden. Er schmeckt dann kräftiger. In ausgehöhlte halbe Paprikafrüchte gefüllt ist er ein kleiner Hingucker für jedes Party-Buffet.

Rostocker Fischteller

8 schöne Salatblätter,
2 Dosen beliebiger Fisch,
4 hartgekochte Eier,
4 Tomaten,
1 grüne Gurke,
2 Teel. gehackte Zwiebel,
2 Teel. gehackte Petersilie,
Öl, Essig, Worcestersoße,
einige Stängel Dill

Auf 4 Abendbrotteller je zwei Salatblätter legen, darauf den Inhalt der Fischdosen anrichten. Rundherum Eischeiben, Tomatenecken und Gurkenscheiben arrangieren. Aus Öl, Essig, Zwiebel und frischer Petersilie eine Salatsoße mischen. Mit einigen Spritzern Worcestersoße abschmecken. Über die Zutaten gießen, mit frischem Dill garnieren. Frisches Weißbrot dazu servieren.

Tipp:

Sie können nach Geschmack und Angebot natürlich auch anderes und weiteres Gemüse verwenden. Besonders einfach und schnell ist dieser Salat-Teller mit Fisch zubereitet, wenn Sie eine der vielen fertigen Salatsoßen verwenden, die im Angebot sind.

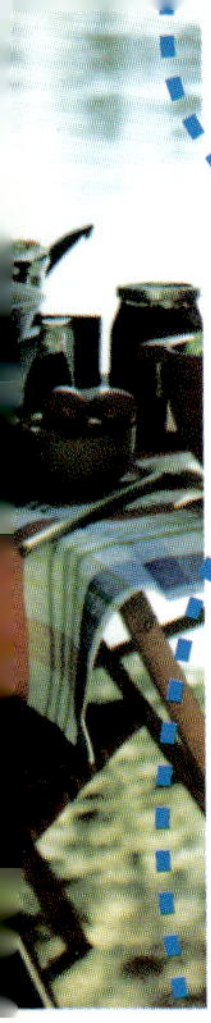

Fischerfrühstück mit Räucherlachs

700 g junge Bohnen,
Salz,
800 g Pellkartoffeln,
3 Essl. Öl,
1 Zwiebel,
6 kleine Knoblauchzehen,
3 Lorbeerblätter,
200 g Räucherlachs,
8 frische Eier,
schwarzer Pfeffer

Die Bohnen bissfest garen, abgießen und mit kaltem Wasser abschrecken. Die abgekühlten Pellkartoffeln schälen und in ca. 1 cm dicke Scheiben schneiden. Das Öl in einer Pfanne erhitzen und die Kartoffelscheiben darin von beiden Seiten goldgelb braten. Die in kleine Würfel geschnittene Zwiebel, Knoblauchzehen und Lorbeerblatt zugeben und ca. 4 Minuten anschwitzen. Den Räucherlachs in feine Streifen schneiden und dazugeben. Die Eier aufschlagen und verquirlen. Die Lorbeerblätter aus der Pfanne nehmen und die Eimasse gleichmäßig über die Kartoffeln verteilen, mit frisch gemahlenem Pfeffer würzen und bei mittlerer Hitze stocken lassen. Auf den bissfesten Bohnen anrichten.

Tipp:
Sie können die Bohnen auch unter die Kartoffeln heben und kurz mit anbraten. Erst danach die Eier zufügen.

Feinschmeckerplatte „Meeresgruß“

4 Rollmöpse,
4 Tafelheringe (saure Heringe),
2 hartgekochte Eier,
12 Essl. Tomatenketchup,
100 g Mayonnaise,
2 Äpfel,
1/2 Sellerieknolle,
Zitronensaft,
Zucker, Salz

Die Rollmöpse in der Mitte einer Platte in „Reih und Glied“ anordnen, links und rechts die in mundgerechte Bissen geschnittenen Tafelheringe legen. Darüber die feingehackten Eier streuen. Das Tomatenketchup mit der Mayonnaise gut mischen (Sie können die Mayonnaise auch durch ein leichtes Fertigprodukt z. B. Miracel Whip ersetzen). Einen Teil dieser Soße über Rollmöpse und Heringe geben. Den Rest gesondert dazu reichen. Aus Apfel- und gegarten Selleriewürfeln einen schnellen Salat bereiten, mit etwas Mayonnaise (oder Crème fraîche) ganz leicht binden und süßsauer abschmecken. Diesen Salat auf beiden Seiten des Heringsarrangements verteilen. Mit Petersilie garnieren. Dazu frisches Mischbrot reichen.

Der Fang der sieben Meere

Irgendwo, in der großen weiten Welt, kannten die Menschen noch andere Fische als Hering und Makrele, Karpfen und Forelle, Seelachs und Rotbarsch. Wohl dem, der wenigstens einen der begehrten FDGB-Ostsee-Ferienplätze ergattert hatte. Er konnte immerhin erfahren, wie frischgeräucherte, noch warme Flunder am Hafen in Saßnitz oder Wismar schmeckt oder - für die ganz Glücklichen, die gar Verwandtschaft an der Küste hatten - Aal grün. Angler wussten von Hechten zu schwärmen und Sibirienreisende berichteten von Lachs und Stör. Im sozialistischen Kuba gab es Langusten und in den Bruderländern auf dem afrikanischen Kontinent wusste man sogar aus Hering und Makrele mehr zuzubereiten als diese in einer weißen, sauren Soße schwimmen zu lassen. Damit auch die Daheimgebliebenen von der Vielfalt internationaler Beziehungen etwas hatten, wurden sie vom Fischkoch mit Rezepten aus aller Welt verwöhnt. Die nötigen Zutaten gab es zumeist in den delikat-Läden. Wer auf Nummer sicher gehen wollte, versuchte, einen der Restaurantplätze im „Gastmahl des Meeres" zu bekommen.

eingeführt

Mit Beziehungen, Eigeninitiative und Organisationstalent kamen auch Fischgourmets in der DDR zu ihrem Recht. Zu fraglos überteuerten Preisen konnte man im delikat, liebevoll Wuwubu (Walter Ulbrichts Wucherbude) genannt, von Räucherlachs bis Kaviar, von Aal bis Sardinen fast alles erstehen. Sowjetunion-Reisende hatten zumindest Kaviar im Rückgepäck. Den gab es überall. Ob es lachsroter Störkaviar oder der grobkörnige, silbergraue aus Astrachan sein sollte, den besten, den es in der SU gab und mit dem sogar einmal Charles Chaplin honoriert wurde, als es wieder einmal an Devisen mangelte, war nur eine Frage des Geldbeutels. Clevere nutzen Prag-Reisen, um sich mit Spezialitäten rund um Fisch zu versorgen, denn dort, nicht weit vom Wenzelsplatz, gab es ein Geschäft, dass dem Durchschnitts-DDR-Bürger wie der goldene Westen anmutete. Fische, frisch und lecker auf Eis, Konserven in großer Auswahl mit Herkunftsland Finnland, Schweden, Germany (West), kanadischer Lachs und frische Hummer. Das maritime Schlaraffenland.
Den meisten jedoch, die Appetit auf ein besonderes Fischgericht, gar eine Fischspezialität, hatten, blieb nur die Wahl zwischen Angelschein und Fischrestaurant. Wer Atmosphäre und vergleichsweise guten Service genießen wollte, lernte bald die Fischgaststätten „Gastmahl des Meeres" schätzen. 1966 war ein „Funktionsmodell" auf der Ostseewoche in Rostock vorgestellt und getestet worden. Im Juli des gleichen Jahres wurde die erste funktionsfähige Gaststätte - nein, nicht an der Küste! - im thüringischen Weimar eröffnet. Innerhalb zweier Jahre gab es sie auch in Berlin, Leipzig, Rostock, Magdeburg, Erfurt, Jena und Dresden. Strenge Kriterien mussten erfüllt werden, um sich so nennen zu dürfen. Es genügte nicht, den Speisezettel einfach auf Fischgerichte umzustellen. Eine Kommission - auch in der DDR gab es für alles und jeden eine Kommission - prüfte Ausstattung, Kühl- und Gartechniken, Anzahl und Qualität der Gerichte und sogar die Qualifikation der Mitarbeiter. Der legendäre Fischkoch hatte sogar mit dem „Goldenen Fischbesteck" einen Wanderpokal für das beste Restaurant im Land ins Leben gerufen. In den meisten Fällen garantierte das gutes Essen und brauchbaren Service.

Selbstverständlich wurde man auch hier „platziert“ und die Auswahl an Fischspezialitäten war nicht vergleichbar mit der eines auf Fisch spezialisierten Restaurants der Nach-Wende-Zeit. Aber man konnte sicher sein, der Makrele für eine Mahlzeit zu entgehen und noch andere Angebote als Karpfen oder Forelle auf der Karte zu finden. Mit dem Ergebnis, dass vor allem an den Wochenenden die Gastmahle des Meeres absolut überlaufen waren. Hier bekam des Binnenländers Sehnsucht nach dem Meer reichlich Nahrung, Seemannsgarn und Shantys eingeschlossen. Und wer einen der zugewiesenen Plätze ergattert hatte, probierte auch das eine oder andere bis dahin noch unbekannte Gericht. Denn „die Liebe und die Fischkost gewinnen durch Abwechslung und Taktgefühl. Mit Liebe bereitete Fischkost ist der Gipfel aller kulinarischen Genüsse“, schwärmte Rudolf Kroboth. Und wo ließ sich dieser Gipfel besser erklimmen als in den von ihm initiierten und geförderten Restaurants.

Malaiisches Fischcurry

1,2 kg Kochfisch (alle Sorten sind geeignet),
Weinessig, Salz,
1 große Zwiebel,
je 60 g Pflanzenfett und Mehl,
1 Essl. Curry,
1/2 l Milch,
1 Essl. Kokosraspel,
3 Essl. Zitronensaft,
10 geröstete, gehackte Mandeln,
1 Messerspitze Ingwer,
Konservenfrüchte (oder frische Exoten)

Den Fisch nach dem 3-S-System vorbereiten, in kochendes Salzwasser legen und bei geringer Hitze gar ziehen lassen. Das Fischfleisch von Haut und Gräten befreien und zerpflücken. Die feingehackte Zwiebel in Pflanzenfett glasig dünsten, Mehl und Curry zugeben, alles gut verrühren und nach und nach mit Milch aufgießen, dann die Kokosraspeln zugeben. Unter ständigem Rühren gut durchkochen. Zuletzt die Soße mit Salz, Ingwer und Zitronensaft pikant abschmecken. Vorsichtig die Fischstücke unterheben. Das fertige Gericht mit gerösteten, gehackten Mandeln bestreuen und mit exotischen Früchten garnieren. Körnigen Reis dazu servieren.

Würzfisch „Stolz von Haiti“

600 g Fischfilet,
Öl,
1 scharfe rote Paprikafrucht oder 1 Peperoni,
2 grüne Paprikafrüchte,
2 Tassen milder Weinessig,
60 g Zwiebeln,
2 Knoblauchzehen,
1 Teel. Salz,
10 Pimentkörner,
15 Pfefferkörner,
1 Teel. Zucker

Den Fisch nach dem 3-S-System vorbereiten, in 4 cm große Stücke schneiden und mit dem Öl in einer feuerfesten Form braten. Die zerkleinerte rote Paprikafrucht (oder Peperoni) mit den Kernen in einen Topf geben. Essig, feingehackte grüne Paprikafrüchte (ohne Kerngehäuse), feingehackte Zwiebeln und Knoblauchzehen sowie die anderen Gewürze und den Zucker zugeben. Alles einige Minuten aufkochen, abkühlen. Diese ausgekühlte Marinade über die Fischstücke gießen, abdecken. Mindestens 24 Stunden durchziehen lassen.
Kalt mit Weißbrot oder Toast servieren.

Labskaus nach Fjordfischerart

750 g Fischfilet,
1 mittlerer Blumenkohl (frisch oder Feinfrost),
1 große Porreestange oder 1 große Zwiebel,
5 mittlere Kartoffeln,
2 Möhren,
Salz,
Margarine,
120 g Tomatenketchup,
3 Essl. Reibekäse

Das gereinigte Gemüse in große Würfel schneiden, mit wenig Margarine andünsten, etwas Wasser zugießen und bissfest garen. Das nach dem 3-S-System vorbereitete Fischfilet ebenfalls in Würfel schneiden, auf dem Gemüse verteilen und weiterdünsten. Der Fisch ist innerhalb weniger Minuten gar. Ketchup und Reibekäse vorsichtig unterrühren.

Tipp:

Original Labskaus ist ein breiartiges Gericht, das mit Setzeiern, sauren Gurken oder Rollmöpsen serviert wird. Ein frischer Salat schmeckt ebenfalls dazu.

Gebratene Kräutersardinen arabischer Art

1 Bund frische Petersilie,
2 bis 4 Knoblauchzehen (gepresst),
8 bis 12 küchenfertige Sardinen,
2 Essl. Zitronensaft,
50 g Mehl,
1/2 Teel. Kreuzkümmelpulver,
Salz und schwarzer Pfeffer

Die Petersilie fein hacken und mit dem gepressten Knoblauch in einer Schüssel vermischen. Diese Mischung in und auf den vorbereiteten Sardinen verteilen, anschließend die Fische mit Zitronensaft beträufeln. Zudecken und ca. 2 Stunden an einem kühlen Ort ruhen lassen. Auf einem großen Teller Mehl und Kreuzkümmel mischen, mit Salz und Pfeffer (am besten frisch gemahlen) würzen. Die Sardinen in diesem Mehl wälzen. Öl in einer großen Bratpfanne erhitzen und die Sardinen portionsweise ca. 5 Minuten von jeder Seite braten, bis sie knusprig sind. Im Backofen warm halten, bis alle Fische fertig sind.

Fischrollen „Kiew“

1 großer Fisch von ca. 1 kg (Zander, Hecht o. ä.),
4 hartgekochte Eier,
Petersilie,
Salz, Pfeffer,
1/8 l Essig,
2 Lorbeerblätter,
6 Pfefferkörner,
4 Essl. Öl,
je 1 Teel. Senf und Zucker,
4 bis 5 Essl. Sahne,
je 1 Essl. Salzgurke und marinierte Pilze

Den küchenfertigen Fisch filetieren, ohne die Haut abzuziehen. 2 Eier, 2 Eiweiß und die Petersilie feinhacken, auf den Fischhälften verteilen und mit Salz und Pfeffer (am besten frisch gemahlen) bestreuen. Jedes Fischfilet aufrollen und mit Faden umwickeln.
1 1/2 l Wasser mit etwas Essig, Salz, Lorbeerblatt und Pfefferkörnern zum Kochen bringen. Die Fischrollen hineinlegen und auf kleiner Flamme ziehen lassen, bis sie gar sind.
Für die Soße die restlichen 2 gekochten Eigelb mit Öl, etwas Essig und Salz sowie Senf und Zucker verrühren. Zuletzt die Sahne sowie die in Würfelchen geschnittenen Pilze und Gurken zugeben. Die abgekühlten Fischrollen in Portionen schneiden und mit der Soße sowie Weißbrot servieren.

Fischerpfanne „Sonnenstrand“

400 g Fischfilet,
Zitronensaft,
Salz, Paprika, Pfeffer,
6 Essl. Öl,
5 Tomaten,
2 Paprikafrüchte,
2 Zwiebeln,
50 g Champignons,
1/2 Knoblauchzehe,
1 bis 2 Gläser Rotwein,
4 Essl. Joghurt

Das vorbereitete Fischfilet salzen, säuern, sparsam mit Pfeffer und reichlich mit Paprika bestreuen. In erhitztem Öl kurz anbraten, aus der Pfanne nehmen. In das Fett die in Scheiben bzw. Ringe geschnittenen Tomaten, Paprikafrüchte, Zwiebeln und Champignons geben, mit Knoblauch würzen und ebenfalls kurz anbraten.
Den Fisch in eine feuerfeste Form legen, das Gemüse darübergeben, so dass der Fisch ganz bedeckt ist, alles mit Rotwein übergießen und in der Backröhre bei Mittelhitze fertig garen. Vor dem Anrichten den Joghurt über das fertige Gericht träufeln.

Fischspieße japanischer Art

400 g Rotbarschfilet oder anderer festfleischiger Fisch,
1 Zitrone, Salz,
100 g kleingeschnittene Zwiebeln,
100 g grüne Gurke,
3 Tomaten,
8 Würfel Kürbis (Konserve),
Pfeffer, Öl

Das Fischfilet nach dem 3-S-System vorbereiten, dann in 3 cm große Würfel schneiden. Diese Filetwürfel abwechselnd mit nicht zu dünnen Gurkenscheiben, Zwiebelstückchen, Tomatenecken und Kürbiswürfeln auf Spieße stecken. Die Spieße pfeffern, mit Öl bestreichen und im vorgeheizten Grill auf beiden Seiten je 3 Minuten grillen. Dazu schmeckt Reis.

Fischrouladen von La Paz

6 bis 8 Rotzungenfilets,
Zitronensaft, Salz,
3 Zwiebeln,
60 g Pflanzenfett,
3 Essl. Semmelmehl,
3 Eigelb,
2 Essl. Sahne oder Kondensmilch,
Muskatnuss,
Pfeffer,
1 Glas Weißwein

Die Filets nach dem 3-S-System vorbereiten und mit der Hautseite auf ein Brett legen. Die feingehackten Zwiebeln mit etwas Pflanzenfett glasig schwitzen, das gesiebte Semmelmehl darunter-mischen und vom Feuer nehmen. Die Eigelb schlagen und mit der Sahne zur Füllmasse geben. Mit geriebener Muskatnuss, Salz und Pfeffer würzen und alles gut vermengen. Die Füllung auf die Fleischseiten der Filets streichen. Diese vom Kopfende her aufrollen und mit Rouladennadeln oder Holzspeilern zusammenstecken. Fischrouladen in Pflanzenfett auf allen Seiten anbraten, Weißwein zugießen und im gut vorgeheizten Ofen unter öfterem Begießen ca. 15 bis 20 Minuten garen. Mit Salzkartoffeln und frischem Salat servieren.

Geschmorte Forelle „Toscana“

4 küchenfertige Forellen,
1/2 Bund Oregano,
2 getrocknete Peperoni,
Salz, schwarzer Pfeffer,
2 Knoblauchzehen,
2 Bund Petersilie,
2 Tomaten,
3 Essl. Öl,
1/8 l trockener Weißwein,
Saft 1 Zitrone

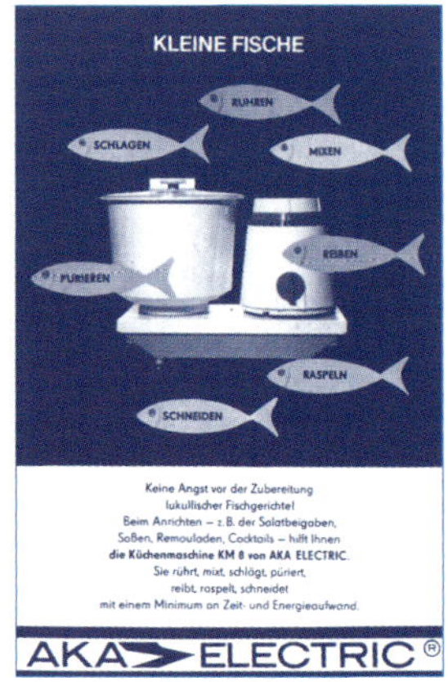

Die Forellen außen und innen kalt abspülen und trockentupfen. Oregano waschen, trockenschütteln und ohne die groben Stiele fein hacken. Peperoni fein zerkrümeln. Die Forellen mit Salz, Pfeffer, Oregano und Peperoni würzen.
Knoblauch schälen und fein hacken. Die Petersilie waschen und trockenschütteln, ebenfalls ohne die Stiele fein hacken. Einen Teil zur Seite stellen. Tomaten blanchieren, häuten und so fein wie möglich hacken, dabei Stielansätze und Kerne entfernen.
In einer großen Pfanne Öl erhitzen, Knoblauch und Petersilie darin andünsten, nach einigen Minuten die Forellen hinzugeben. 1-2 Minuten leicht braun werden lassen, dann wenden. Mit dem Wein aufgießen. Den ausgepressten Saft der Zitrone zugeben und zugedeckt bei mittlerer Hitze ca. 10 Minuten dünsten. Die Tomatenwürfelchen zugeben, abschmecken und die Forellen mit der restlichen Petersilie bestreut servieren.

Spanischer Mandelfisch

500 g Fischfilet,
Zitronensaft,
Margarine zum Braten,
2 Essl. Semmelbrösel,
Milch, Öl,
2 Zwiebeln,
2 Knoblauchzehen,
Salz, Pfeffer, Zimt,
50 g Mandeln,
50 g gemischte Nüsse

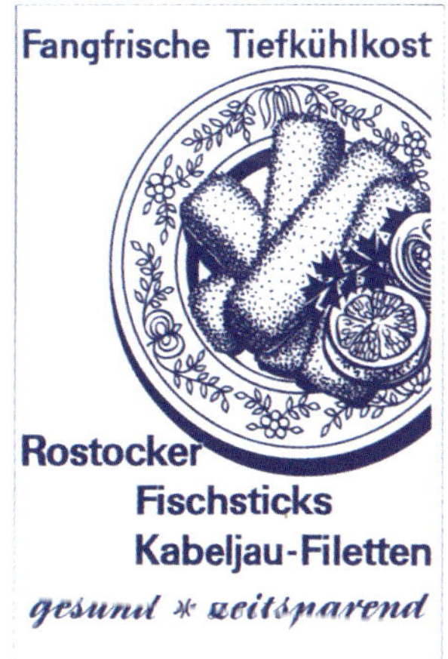

Das küchenfertige Fischfilet in Portionen teilen, mit Zitronensaft beträufeln, salzen und in Margarine anbraten. Die vorbereiteten Mandeln und Nüsse, die Zwiebeln und Knoblauchzehen sehr fein hacken und mit den in etwas Milch eingeweichten Semmelbröseln mischen.
3 Essl. Zitronensaft zugeben, mit Salz, Pfeffer und Zimt würzen. Tropfenweise soviel Öl zugeben, dass die Masse streichfähig wird. Damit die Fischportionen bestreichen und in der Backröhre bei Mittelhitze ca. 15 Minuten überbacken.
Das Gericht mit Reis und frischem Salat servieren.

Langusten „Havanna“

4 Langustenschwänze,
Salz, Öl,
2 mittelgroße Zwiebeln
3 bis 4 Tomaten,
3 Essl. Weißwein,
Zitronensaft, Pfeffer,
1 Teel. Mehl

Die Langustenschwänze in siedendes Salzwasser geben (dabei jeden Kontakt mit Eisen oder Kupfer vermeiden, auch durch Töpfe mit kleinen Emailleschäden). Sobald die Schalen rot sind, müssen die Langusten 12 bis 15 Minuten zugedeckt ziehen. Dann mit kaltem Wasser abspülen und der Länge nach zerteilen.
Inzwischen in einer Bratpfanne etwas Öl erhitzen, darin Zwiebelringe goldgelb rösten, die zerschnittenen Tomaten zugeben und unter ständigem Rühren kurz mitbraten.
Die Langustenhälften aus den Schalen heben und in der Tomaten-Zwiebel-Schwitze wenden. Unter Zugabe von 3 Essl. Wasser, Weißwein, einigen Tropfen Zitronensaft, etwas Salz, frisch gemahlenem Pfeffer und wenig Mehl aufkochen lassen, darauf achten, dass die Soße dick wird. Die Langustenhälften auf Toast anrichten und mit der Soße begießen.

Gegrillter Knoblauchlachs mit Spaghetti

4 Lachsfilets (insgesamt ca. 400 g),
4 bis 5 Essl. Öl (Empfehlung: Olivenöl extra vergine),
8 bis 10 geschälte Knoblauchzehen ,
300 g Spaghetti,
50 g Fenchelknolle (in feine Ringe geschnitten),
1 Essl. frisch geriebene Limettenschale,
2 Essl. Limettensaft,
Fenchelgrün zum Garnieren

Den Backofen auf 220 °C vorheizen und eine feuerfeste Form einölen. Die Lachsfilets mit 2 Essl. Öl bestreichen, leicht salzen und nebeneinander in die Form legen. Die geschälten und längs halbierten Knoblauchzehen über die Filets streuen und nochmals mit Öl bestreichen. Anschließend 10 bis 15 Minuten backen, bis der Fisch gar ist.
Währenddessen die Spaghetti in sprudelndem Salzwasser al dente kochen, abtropfen und etwas Öl unterrühren, bis die Pasta einen schönen Glanz angenommen hat. Die Fenchelringe und die Limettenschale unterheben und auf vorgewärmten Tellern anrichten. Auf die Nudeln je 1 Lachsfilet setzen, den Saft vom Garen und die Knoblauchhälften darüberlöffeln, mit Limettensaft beträufeln und mit etwas Fenchelgrün garnieren.
Dazu passt vorzüglich ein frischer Tomatensalat.

eingeordnet